LA BALLADE
DE JOHN ET YOKO

at last he could see the mountains

JOHN LENNON

LA BALLADE
DE JOHN ET YOKO

*Traduit et adapté de l'anglais
par C. Derblum*

ÉDITIONS DU
ROCHER
Jean-Paul Bertrand

LA BALLADE DE JOHN ET YOKO

J'avais toujours rêvé d'une femme brune, aux pommettes hautes, qui serait belle et intelligente. Une artiste libre et sans contrainte (un peu à la Juliette Gréco.)

L'âme sœur.

Quelqu'un que j'avais connu, puis perdu.

À la suite d'un bref séjour en Inde en revenant d'Australie, cette image se modifia légèrement. L'élue serait orientale, et aurait les yeux noirs. Naturellement, le rêve ne pouvait devenir réalité tant que mon portrait idéal n'était pas achevé.

Désormais il l'était.

Évidemment, dans mon adolescence, mes fantasmes sexuels débordaient d'Anita Ekberg et des inévitables déesses nordiques. Du moins, jusqu'à ce que Brigitte Bardot devienne l'« amour de ma vie » à la fin des années 50. Je harcelais toutes mes petites amies qui n'étaient pas brunes pour qu'elles se transforment en Brigitte. À l'époque où j'ai épousé ma première femme (dont les cheveux étaient, je crois, d'une teinte naturellement auburn), elle aussi était devenue une blonde aux cheveux longs, sans oublier les inévitables « chiens ».

J'ai fait la connaissance de Brigitte, la vraie, quelques années plus tard. Je me défonçais à l'acide et elle avait décidé d'abandonner le cinéma.

Et puis un jour enfin j'ai rencontré Yoko, et le rêve est devenu réalité.

Yoko, la seule femme de ma connaissance qui soit mon égale en tous les domaines imaginables. Mieux que mon égale, à vrai dire. Bien que ma précédente incarnation ait été fertile en liaisons intéressantes, je n'avais jamais rencontré quelqu'un qui valût la peine de briser la confortable monotonie consacrée par les liens du mariage.

Sauvé, enfin ! Quelqu'un pour qui tout abandonner ! Quelque part où aller ! J'attendais ça depuis une éternité.

Vu ma timidité maladive (surtout à proximité des jolies femmes), mon rêve exigeait qu'elle se montre assez agressive pour me sauver, c'est-à-dire pour « m'emmener loin de tout ça ». Yoko, bien qu'elle soit aussi timide que moi, a su m'inspirer le courage de ficher le camp, juste à temps pour ne pas avoir à cohabiter avec le nouveau nez de mon ex-femme. Elle avait aussi d'autres qualités, pour la plus grande surprise de mon ego mâle pas encore libéré.

8

Ma femme avait son nouveau nez. Et j'avais la femme de mes rêves. Yoko.

Moi qui avais grandi dans le milieu de la petite bourgeoisie – où l'on est « pauvre certes, mais digne » – je n'aurais pas dû être surpris par le racisme et la misogynie qu'il nous fallut subir dans ce bastion de la démocratie qu'est la Grande-Bretagne (jusqu'à Michael Caine, aujourd'hui repenti, qui déclarait, avec son charmant zézaiement cockney : « Je ne vois pas pourquoi tu ne te trouves pas une jolie petite Anglaise ! »). Quel scandale ! L'un de « nos garçons » quittant son doux foyer anglo-saxon pour se mettre, c'est un comble, avec une sale Jap ! Il n'a donc pas vu *Le pont de la rivière Kwaï ?* A-t-il oublié Pearl Harbor ?

Les journaux anglais lancèrent une grande campagne de presse, déversant tout leur fiel xénophobe refoulé sur Yoko. Il est vrai que les temps étaient durs : avec cette histoire de Marché commun il avait bien fallu mettre en sourdine (par écrit, du moins) la haine contre les mangeurs de grenouilles, de choucroute, de couscous et tous les salétrangers par la même occasion. Il était humiliant et pénible pour elle comme pour moi de lire des articles affirmant qu'elle était laide et jaune, ainsi que d'autres qualificatifs insultants, surtout quand leurs auteurs étaient une bande de scribouillards sur le retour, au bedon gonflé de bière et au teint rubicond ; on est ce qu'on mange et ce qu'on pense. On sait bien ce qu'ils mangent, et ce qu'on leur dit de penser : les reliefs de leurs maîtres.

Yoko avait du mal à comprendre, elle qui toute sa vie avait passé pour l'une des femmes les plus belles et les plus intelligentes du Japon. Le racisme et le sexisme n'étaient pas même voilés. J'avais honte de mon pays. Même si j'étais, moi aussi, plein de préjugés, j'avais toujours cru que c'étaient les Américains les racistes : « Pas nous, mon vieux, ça ne serait pas sport. » Convention verbale pure et simple. Mais je dois dire que j'ai découvert au cours de mes voyages que chaque race se croit supérieure à toutes les autres ; attitude qu'on retrouve dans chaque classe (le mythe américain voulant que le système des classes n'existe pas chez eux).

*
**

Ce fut une expérience abominable. J'ai bien eu l'idée de demander conseil à Johnny Dankwork et Cleo Lane (c'est le seul autre couple de race mixte que je connaisse en Grande-Bretagne), mais je ne l'ai pas fait. La presse rameutait la foule déchaînée, et la majorité silencieuse suivait le mouvement. Les lettres haineuses que nous recevions étaient particulièrement inspirées ; j'ai voulu les faire publier chez Jonathan Cape mais ils ont hésité... Enfin, ça changeait toujours des lettres quémandeuses qui coïncidaient immanquablement avec tel ou tel problème que nous connaissions à l'époque, et qui avait reçu de la publicité. Ce qui donnait à peu près ce genre-là :

J'ai été navré d'apprendre la récente fausse-couche de votre épouse. Nous avons nous aussi connu cette tragédie, mais nous n'avons pas, comme vous, les moyens de nous payer une belle maison double dans le midi de la France, et vu que vous avez tellement d'argent, vous pourriez rendre très heureux un paraplégique de 100 ans, sa pauvre femme affligée de surdité, et leurs petits enfants infirmes. Monsieur, si ce n'est pas trop demander…, etc.

Ou encore :

Moi aussi j'ai été victime d'un coup monté, et arrêté injustement par la police britannique si réputée dans le monde entier [un autre mythe dans le colimateur], j'ai récemment frôlé la mort dans un accident de voiture en Écosse, et je me demandais si vous ne pourriez pas aider un pauvre aveugle et sa mère invalide à aller à la messe le dimanche… etc., etc., etc.

Yoko m'a aussi donné la force intérieure d'examiner de plus près mon autre mariage. Le vrai. Mon mariage avec les Beatles, plus étouffant que ma vie domestique. Même si j'y pensais assez souvent, je n'avais pas eu le cran de rompre plus tôt.

Ma vie avec les Beatles s'était transformée en piège. En nœud coulant de bande magnétique. J'avais bien fait de petites escapades, en écrivant des livres que j'avais contribué à adapter pour le National Theatre. J'avais même joué dans un film sans les autres (un navet, mis en scène par cet idiot assoiffé de pouvoir, Dick Lester). Mais ce film, c'était plus par réaction contre la décision des Beatles d'arrêter les tournées que je l'avais fait, que par souci de réelle indépendance. Même si à cette époque (1965), je soupirais déjà après la liberté.

Au fond, je paniquais à l'idée de ne rien avoir à faire. Qu'est la vie, sans tournées ? La vraie vie. Voilà ce que c'est. Je n'oublie jamais de remercier Jésus à qui je dois la fin de cette époque ; si je n'avais pas suscité le courroux du très chrétien Ku Klux Klan en déclarant que les Beatles étaient « plus balèzes que Jésus », je m'exhiberais peut-être encore avec toutes les autres puces savantes ! Dieu bénisse l'Amérique. Merci, Jésus.

Quand enfin j'ai trouvé le courage de dire aux trois autres que, ouvrez les guillemets, je voulais divorcer, fermez les guillemets, ils ont su tout de suite que c'était pour de bon, pas comme les menaces précédentes de Ringo et de George. J'avoue que je me sentais coupable de les prendre ainsi au dépourvu. Après tout, j'avais Yoko, tandis qu'eux n'avaient que le groupe. Je me suis senti tellement coupable que j'ai été jusqu'à affirmer que McCartney était le coauteur de mon premier single indépendant (« Give Peace a Chance »), au détriment de Yoko, qui en fait aurait dû le signer avec moi.

J'avais formé le groupe. C'est moi qui le dispersais. C'est aussi simple que ça. Yoko et moi, nous avions instinctivement décidé que le meilleur système de défense passait par l'attaque – mais à la manière douce. Ce qui prit la forme de *Two Virgins*, notre premier LP, où le spectacle de deux anciens camés légèrement obèses, et à poil, donna à John et Yoko une bonne crise de fou rire, et une apoplexie aux Philistins du prétendu monde civilisé ! Y compris à ces fameux penseurs d'avant-garde, Paul, George, et Ce n'Est que Ringo. Je ne leur en veux pas. Avec le recul, les Beatles n'ont pas compté plus que d'autres aspects de ma vie (et parfois moins).

*
**

Peu m'importe de savoir si j'enregistrerai à nouveau. Je suis parti du rock and roll pour aboutir au rock and roll pur. S'il m'en vient un jour l'envie irrésistible, alors je le ferai, pour le plaisir. Mais sinon, je préfère laisser tomber. Je n'ai jamais cru à la théorie que « l'artiste a une dette envers le public », pas plus qu'à celle qui veut que les jeunes doivent verser leur sang pour leur souverain et leur pays. Je me suis fait tout seul, tel que je suis aujourd'hui. Bon et mauvais à la fois. J'en porte la seule responsabilité.

Tous les chemins mènent à Rome. J'ai ouvert une boutique ; le public a acheté au prix tel qu'il est pratiqué sur le marché. La belle affaire ! Et quant au show business, ça n'a jamais été ma vie. Je rêve souvent, tout en sachant combien c'est illusoire, que Yoko et moi ne sommes pas célèbres, que notre vie n'est vraiment rien qu'à nous. Mais ce qui est fait est fait, et j'essaie de ne pas avoir de regrets ; je n'ai pas l'intention de perdre mon énergie et mon temps en m'efforçant de rentrer dans l'anonymat. Ce qui est aussi stupide, tout compte fait, que l'envie de devenir célèbre.

an apple pie bed.

« Une chance pour la paix »

Notre coup suivant fut le célèbre « Bed-In* » pour la paix. Il avait fallu aux deux artistes « libérés » que nous étions un an pour se retrouver ensemble dans le même lit. Mais le jour venu, nous avons convié le monde entier à y assister. Nous savions que jamais nous ne pourrions

* L'expression est calquée sur « sit-in » grève avec occupation des locaux. Mais la protestation prend ici la forme de l'occupation d'un lit ! (NdT).

nous marier et partir discrètement en lune de miel sans être pourchassés par une meute de journalistes ; si bien que nous avons décidé de mettre la situation à profit, et en même temps, de bien rire. Nous allions donner ce qu'on appelle un « tableau vivant ».

Comment oublier le spectacle de la moitié des représentants de la presse mondiale se poussant et se piétinant au seuil de notre chambre à coucher, dans l'espoir fallacieux de contempler le Beatle et sa négresse en train de « le faire » pour la Paix, dans la suite nuptiale du Hilton d'Amsterdam ? Ou les soupirs de désappointement quand ils comprirent qu'il n'y aurait pas de sexe, et qu'ils ne nous verraient même pas nus !

Sept jours durant (de 9 heures du matin à 9 heures du soir) nous sommes restés à la disposition des photographes et des journalistes. Nous avons permis au quatrième pouvoir de nous poser toutes les questions qu'il souhaitait. Nous ne leur avons rien caché. Et ils n'ont rien compris. Seules une ou deux personnes, sur les quelques centaines de visiteurs qui se pressèrent à notre chevet, ont eu une petite idée de ce qui se passait. Nous les avons évidemment filmés. Mais nous avons eu ce que nous voulions : nous les avons dirigés dans la direction qui nous plaisait, au lieu de les souffrir sans gaîté de cœur.

Il était vain de prétendre à une vie privée ; ç'aurait été ridicule d'agir comme Mick* et Bianca, en piquant une crise de nerfs au sortir de l'église après avoir commencé par inviter tout le monde. Ce qui, à mon avis, est parfaitement stupide.

* Mick Jagger. (NdT)

Nous avons essayé de bisser notre représentation triomphale aux USA, en transportant la scène à Broadway (au Plaza, pour être précis). Mais le gouvernement américain décida que nous étions trop dangereux dans un lit d'hôtel, à parler de paix. Alors nous sommes allés jouer à Montréal, et avons fait retransmettre la pièce (par radio et télévision) à travers la frontière. Je me demande s'ils ont eu l'idée d'envoyer G. Gordon Liddy* à nos trousses ? De grandes huiles sont venues nous admirer : Al Crapp, Dick Gregory, Tim Leary et Rosemary, Tommy Smothers (à part Crapp, ils ont tous chanté : « Give Peace a Chance »).

*
**

Pendant que nous étions au Canada, mes lithographies de « John et Yoko baisant ou ne baisant pas » passaient la frontière américano-canadienne dans des camions de contrebande (ces dessins ont été interceptés, puis interdits, dans le Londres d'avant-garde). Aujourd'hui, ils sont en vente dans toutes les bonnes galeries d'art, au prix de cent dollars pièce. La couverture d'album de *Two Virgins* se vend deux cents dollars. La vie n'est pas l'imitation de l'art : la vie est l'art lui-même (c'est ce qui perd tant de jeunes prometteurs ; ils passent trop de temps à jouer à l'artiste pour vivre pleinement).

À cette époque-là de notre vie, les gens nous ont accusés d'être prêts à tout pour la publicité. Là encore, ils se trompaient. Quoi que nous fassions, nous rece-

* G. Gordon Liddy, maître des basses œuvres du gouvernement Nixon, dirigeait une section chargée de compromettre les personnalités gênantes aux yeux du pouvoir. (NdT)

vions de la publicité. C'est toujours le cas, bien que nous n'ayons fait aucune déclaration à la presse depuis un bon nombre d'années. Ça ne fait aucune différence ; on dirait qu'ils ne peuvent se passer de nous. Le service qui collecte les coupures de journaux nous concernant, et qui s'étend au monde entier, est rempli d'histoires plus abracadabrantes les unes que les autres. L'une de mes préférées prétend que je suis devenu chauve, et que je me barricade dans mon penthouse, tel un véritable croisement entre Elvis Presley, Greta Garbo et Howard Hughes, en proférant de temps à autre des déclarations cryptiques telles que : « J'ai apporté ma contribution à la société et je n'ai plus l'intention de travailler ! » Si ce n'est pas du travail d'élever un enfant, alors, qu'est-ce que c'est ?

La vérité c'est que nous faisons ce que nous avons envie de faire. Un point, c'est tout.

On aimerait bien être au courant

Vint ensuite notre « période révolutionnaire », qui connut sa floraison peu après notre arrivée aux États-Unis. Nous n'avions pas l'intention de nous y installer définitivement (quoique l'astrologue anglais Patrick Walker eût prédit un an plus tôt que je quitterais l'Angleterre une fois pour toutes). Je ne l'ai pas fait pour échapper au fisc. Ça s'est tout simplement passé comme ça.

Nous avions acquis une certaine réputation à force de traîner avec la Cambridge Graduate School of Revolutionaries, au Royaume-Uni. Ils nous faisaient nous sentir tellement coupables de ne pas haïr tous ceux qui n'étaient pas pauvres que je suis allé jusqu'à écrire et enregistrer un album assez embarrassant, « Power to the People », dix ans trop tard (comme l'a fait remarquer le fielleux Hunter Thompson). Nous avons bien entendu gardé les droits d'auteur.

Quoi qu'il en soit, à notre arrivée aux États-Unis, nous avons pratiquement été accueillis à la descente d'avion par les « Mork and Mindy* » des années 60 – Jerry Rubin et Abbie Hoffman – qui nous ont aussitôt

---

* Émission quotidienne d'une demi-heure, très populaire aux USA, et qui a pris fin il y a quelques années. Mork était un humanoïde tombé sur Terre dans un gros œuf, et recueilli par une jeune Américaine, Mindy. Il découvrait la société et la vie américaines avec son regard surpris ou amusé d'extraterrestre. (NdT)

emmenés faire la tournée de l'« avant-garde » new-yorkaise, ce qui se réduisait principalement à un récital de David Peel, qui chantait des histoires de drogue à Washington Square Park. Avec pour compagnie Jerry et Abbie, ces deux esbroufeurs qui aiment tant s'amuser, je me passe très bien de Marx et de Jésus.

Il nous a fallu du temps, et pas mal de magie, pour que les relents de notre virginité perdue ne nous collent plus à la peau, même si c'était amusant de rencontrer tous les héros de l'avant-garde : Bobby Seale et ses joyeux lurons ; Huey Newton et ses coûteuses tenues militaires ; Rennie Davis célèbre pour sa devise : « Vous payez, moi j'organise » ; John Sinclair et sa fidèle Brigade de Ann Arbor*; et ce cher vieux Allen Ginsberg** qui, quand il n'était pas couché par terre à marmonner des mantras, cherchait à vous attirer dans un coin pour vous déclamer très fort à l'oreille ce qu'il qualifiait de poésie (et qui vous ressortait immédiatement par l'autre oreille).

Nous avons combattu la loi, et la loi a perdu

Nous avons payé cher ce genre d'amusements. Près de cinq ans ont passé avant que notre bataille avec le gouvernement Nixon ne se termine (à supposer qu'elle soit terminée). C'est Strom Thurmond*** qui a jeté la

* C'est à Ann Arbor que se trouve l'Université du Michigan. (NdT)
** Le poète Allen Ginsberg, surnommé « le roi des beatniks ». (NdT)
*** Strom Thurmond est un sénateur du Sud, extrêmement puissant. (NdT)

première pierre, en écrivant au procureur général de
l'époque, John Mitchell, pour lui suggérer de nous faire
expulser avant la convention nationale du parti républi-
cain à San Diego. Je comprends parfaitement cette
attaque, surtout après qu'un de nos révolutionnaires à la
langue trop bien pendue a annoncé au monde que John
et Yoko organisaient un grand rassemblement pour ridi-
culiser les Républicains à San Diego.

Nous avions tenu une conférence au sommet dans notre teepee de Bank Street. Tous les héros étaient présents. Il semblait que sans le pouvoir attractif de John et de Yoko, il ne pouvait y avoir de révolution. La Gauche et la Droite étaient tenaillées par cette illusion. Je crois que Ginsberg était le seul, à part nous deux, à trouver l'idée puante, et non seulement dangereuse, mais stupide. Mais apparemment, les « chefs » du mouvement voulaient réitérer le succès obtenu à Chicago. Nous devions constituer l'appât et nous avons refusé, ce qui n'a pas fait grande différence, car le simple fait d'annoncer dans *Rolling Stone* que nous étions d'accord a convaincu assez de monde. Entre autres le gouvernement Nixon.

Mae Brussel et Paul Krassner nous ont dit que Jerry, Abbie, et les « Sept de Chicago* » (sauf Krassner, bien entendu) étaient des agents doubles qui travaillaient pour la CIA. Nous n'avons jamais su si c'était vrai.

Ce qui ennuyait le plus la majorité de nos frères révolutionnaires était que nous n'étions *contre* rien, mais juste *pour* certaines choses, telles que la paix, l'amour et les autres niaiseries du même genre. Cette attitude n'était pas assez virile pour les extrémistes de l'Haggendass (je ne parle pas de la marque de glaces). Ils étaient les « Sept de Chicago », et *ils connaissaient les Panthères Noires**.* Pendant qu'ils essayaient de nous « utiliser », nous essayions de les « convertir ». Nous les avons même fait passer au *Mike Douglas Show*, mais aucun d'eux ne savait parler en public.

---

* Sept opposants au gouvernement, jugés lors d'un procès célèbre qui eut lieu à Chicago. (NdT)
** Organisation d'extrême-gauche qui prône l'action violente pour la libération des Noirs. (NdT)

Ce que personne n'aimait, aussi, était notre insistance à conserver un contrôle tant physique que légal sur toute bobine de pellicule où nous apparaissions. John Sinclair nous a menacé d'intenter une action de justice contre nous, alors que nous l'avons aidé à sortir de prison ! « T'es pas clair, John Sinclair. » Mais à tout prendre, nous avons parfois bien ri, et beaucoup fumé.

L'affaire opposait le gouvernement de Nixon et John et Yoko, quelques amis, beaucoup de fans, et un petit médium noir de Chicago, que Dick Gregory nous avait présenté. Nous leur sommes à tous profondément reconnaissants.

Nous avons sorti les grands moyens contre M. Nixon. Oui, nous avons recouru à la magie, à la prière et aux enfants pour défendre notre juste cause.

Le mystérieux parfum des roses

La plus grave erreur que nous ayons commise à cette époque, Yoko et moi, fut de nous laisser influencer par les « révolutionnaires mâles, purs et durs », et leur idée insensée qu'il fallait tuer les gens pour les sauver du capitalisme et/ou du communisme. Nous aurions dû en rester à notre propre façon d'œuvrer pour la paix : les « bed-in », les affiches, etc. Nous nous étions mis dans de beaux draps, et il ne nous restait plus qu'à nous battre contre le gouvernement des États-Unis, assistés d'un avocat qui, au début, ne voulait pas croire que c'était une affaire politique (il pensait que nous n'étions pas « si importants que ça ») ni que le FBI nous harcelait en mettant notre ligne téléphonique sur écoute et d'autres joyeusetés du même genre.

Il y a cru plus tard, quand il s'est aperçu que son téléphone était sur écoute.

Nous les avons coincés en annonçant pendant le *Dick Cavett Show* qu'ils nous suivaient et qu'ils commençaient à nous taper sérieusement sur les nerfs. (C'est pendant cette émission que j'ai contrarié les libéraux en disant que je ne croyais pas à « toute cette histoire de surpopulation ». Mais leur colère ne fut rien comparée à celle du public anglais, lors d'une émission du même style, qui nous a sifflés et hués de la manière la plus désagréable qu'on puisse concevoir, parce que nous étions pacifistes, soutenu qu'il était par cet enfant chéri du monde de la musique dite sérieuse, le célèbre Yehudi Menuhin. Lui qui, selon la rumeur, n'enregistre qu'une seule note à la fois !)

Le premier matin, nous étions tous les deux très nerveux, dans la voiture, en allant au tribunal. Nous avions suivi avec soin les recommandations du psychiatre : nous avions lu les bons passages dans la Bible du roi Jacques, placé les bons versets dans nos bottes, et aspergé d'huile magique nos mouchoirs pliés conformément aux rites.

Après des pèlerinages en Inde avec le mage Alex Mardas, et la rencontre avec un certain Babaji, un pseudo-faiseur de miracles qui accomplissait des tours de passe-passe consistant par exemple à faire « surgir de nulle part » des montres de pacotille sur le cadran desquelles figurait son portrait, devant une salle pleine à craquer d'Américaines mûrissantes (alors qu'au-dehors du camp, des milliers d'Indiens infirmes vendaient la même camelote pour gagner leur vie), nous nous sommes retrouvés à San Mateo, dans la banlieue de San Francisco, chez un maître du Kung Fu acupuncteur et alcoolique. C'est lui qui nous a aidés à survivre au manque de méthadone, qui avait presque tué Yoko. Il me convainquit également que mon médecin anglais avait tort : ce type m'avait affirmé que nous ne pourrions jamais avoir d'enfant parce que j'avais bousillé mon sperme par l'abus de drogue pendant des années, ce qui m'avait terriblement déprimé, d'autant plus que les services d'immigration avaient révoqué mon visa au beau milieu de ma thérapie primale avec Art Janov, et nous étions aussitôt devenus accros. Nous avons arrêté la drogue du jour au lendemain en prenant le bateau pour le Japon (suivant l'exemple du Dr Hong, qui dans sa jeunesse avait fait un voyage en bateau pour se désintoxiquer de l'opium), et nous sommes arrivés à Yokohama, guéris et heureux. C'est alors que j'ai rencontré les parents de Yoko pour la première fois.

Quand nous nous sommes remis de notre trip à la méthadone grâce aux soins du bon docteur, de sa merveilleuse cuisinière de femme, et de leur fille, il nous a dit : « Vous voulez des bébés ? Arrêtez complètement la drogue, mangez bien, et dans un an vous en aurez un. Je vous le promets. » Dieu le bénisse, il avait raison. Il est mort sans avoir vu Sean dans la chair, mais nous avons pu lui faire parvenir un Polaroïd que j'avais pris du bébé quand nous étions encore à l'hôpital de New York. Nous n'avons jamais perdu le contact avec les Hong.

En parlant avec Hélène, je me suis trouvé une fois de plus sur la défensive à propos des « mystiques ». Je ne me suis pas trop énervé, pour changer. Quoi qu'il en soit, je me suis surpris à dire qu'un grand nombre, sinon toutes, des grandes personnalités étaient des mystiques, en un sens : Einstein, qui à la fin de sa vie déclara que si c'était à refaire, il consacrerait plus de temps au spirituel ;

Pythagore et Newton étaient eux aussi des mystiques. Mais je voulais principalement en venir au fait que pour recevoir « l'esprit intégral », c'est-à-dire l'inspiration créatrice (qu'on soit artiste, chercheur, mystique, ou psychiatre), le problème essentiel est de faire le vide dans son esprit.

On ne peut pas peindre un tableau sur une feuille sale. Il faut du papier propre.

La « folie » de Van Gogh, l'« alcoolisme suicidaire » de Dylan Thomas, n'étaient que des tentatives pour briser le carcan de leur esprit. J'y inclus l'« abus des drogues » propre à ma génération. L'abus de soi-même serait une expression plus juste.

J'ai vu la vie de Gauguin à la télévision, et j'ai été frappé par la déchéance dans laquelle il est mort (une maladie vénérienne, qu'on « traitait » au mercure), le pied cassé et tordu à la suite d'une querelle d'ivrognes alors qu'il était rentré au foyer pour sa première exposition promise au succès. Il était parti à Tahiti pour échapper à son carcan à lui : son travail à la banque, une femme et des enfants (il adorait sa petite fille, à qui il avait dédié le journal qu'il tenait dans le Pacifique sud, et où il expliquait pourquoi il avait quitté sa famille). À son retour à Tahiti, il reçut une lettre qui lui apprit que sa fille était morte. Quel prix à payer pour entrer dans la postérité ! Il acheva enfin son « chef-d'œuvre », puis mourut. D'accord, c'était un grand peintre, mais le monde aurait fort bien pu se passer de la moindre parcelle de son « génie ». Il me semble que son « chef-d'œuvre » a été détruit par le feu après sa mort. Alors que s'il avait eu accès à ce qu'on appelle le mysticisme (le jeûne, la méditation et d'autres disciplines), il aurait atteint le même espace. C'est difficile, je l'admets, mais c'est plus facile que de se tuer et de détruire ceux qui vous entourent.

C'est pareil avec les (soi-disant) chrétiens. Ils passent tant de temps à se condamner, eux et les autres, à prêcher, ou pire, à tuer au nom du Christ. Pas un d'entre eux ne comprenant, ni ne cherchant à comprendre ce que c'est que se comporter en Christ. Il me semble que les seuls chrétiens dignes de ce nom étaient (sont ?) les gnostiques, qui croient en la connaissance de soi, c'est-à-dire en la nécessité de devenir des Christ, de trouver le Christ qui est en soi. Christ, après tout, est le terme grec qui représente la lumière*. La Lumière, c'est la Vérité. Chacun de

---

* Tout le monde s'accorde à penser que la traduction courante de Christ est « l'oint ». Cependant, on nous a dit que dans les Manuscrits de la mer Morte, il apparaît que la véritable traduction de Christ est « lumière », ce qui nous semble plus logique. Y.O.L.

nous s'efforce de se tourner vers la lumière. C'est pour mieux te voir, mon enfant. Le Christ, Bouddha, Mahomet, Moïse, Milarepa et d'autres sages illustres consacraient leur temps au jeûne, à la prière, à la méditation, et ont dessiné des « cartes » du territoire de « Dieu » que tous peuvent voir et suivre à leur façon.

Pour moi, la leçon est claire. J'ai déjà « perdu » une famille, et pour produire quoi ? Sgt Pepper ? J'ai eu une seconde chance. Le fait d'être un Beatle a failli me coûter la vie, et m'a certainement coûté une grande part de ma santé – nous nous étions mis à l'alcool et à la drogue avant même d'être des musiciens professionnels – tout ça pour tenter d'atteindre « l'au-delà ».

Je ne commettrai pas deux fois la même erreur en une seule vie. À partir de maintenant, l'inspiration sera invoquée selon les anciennes méthodes.

Et si je ne produis rien de plus que le silence pour la consommation publique, qu'il en soit ainsi.

Amen.

1978

DEUX VIERGES

Il était une fois deux ballons qui s'appelaient Jock et Yono. Ils étaient amoureux comme ça n'arrive qu'une fois en un million d'années. Ensemble ils étaient l'homme. Par un horaire malencontreux, ils avaient eu tous deux d'autres expériences – qui ne cessaient de les tir-aie !-er vers le passé (vous savéskecé). Mais ils bataillaient vaillamment contre ces obstacles redoutables, y compris certains de leurs meilleurs ennemis. Leur amour les rapprochait encore – mais la puanteur des fouilleurdemerdes était tenace, aussi leur fallait-il de temps en temps recourir au nettoyage à sec. Par bonheur ils s'en remirent et ne furent pas exclus des jeux olympiques. Ils vécurent à jamais confiants, et qui pourrait les en blâmer ?

Il était une flaque un petit garçon boucher aux cheveux courts qui boitait sur la route d'Ostergrad. Son père étaitunelonglongue histoire coupée au milieu de la phrase pour laquelle nous sommes redevables aux dispositioronowitz de l'orifice de la conversation. En conclusion j'ajouterai hoc virtallo virttutembe que d'autre part nous sommes toujouréalistes.

ellement parlant ce film évoque les aventures d'un

paillasomnambuliste. Les implications profondes de la cathédrale de Winchester défient la description. leur perte causa notre gainsborough. le son d'un serviteur fautif de mieux on mange des merles moqueurs. Jusqu'où peut-on alléatoire de jouer sur les sentiments d'insatisfaction dont le fondateur était maçon. Ils se fixèrent tout droit dans les orbites leurs langues s'enroulèrent leurs esprits se crispèrent l'un l'autre c'était élémentaire mon cher et le début d'une longue ligne nouvelle sauf qu'à présent elle a bien vieilli figurez-vous comme le temps passe... Pour régner sur nous dieu sauve la reine (c'est duradire) elle a peut-être raison d'autoriser l'écoute mais on a beau dire c'est pas pareil pas vrai ??? écoutécoutécoutécouténépaplumalquelesteratildinécesoirée de gala pour l'enfance oubliée loin des yeux loin perdu dans son approche de l'humanité malade et d'ailleurs je ne me sens pas très bien moi-même.

Comprenne qui voudra

John Lennon, 1968

ALPHABET

A	comme perroquet, évidemment
B	comme l'Angleterre et (la bruyère)
C	comme les guêtres qu'on met pour aller danser
D	comme Doris
E	comme les jumelles entre en cinquième
F	comme Ethel qui vit dans le loft à côté
G	comme les oranges, qu'on aime manger quand on en trouve parce qu'elles viennent de l'étranger
I	comme le ouistiti qui grimpe à l'arbre
J	comme perroquet, évidemment
K	comme plastique, évidemment
L	comme lunettes, évidemment
M	comme le Venezuela d'où viennent les oranges
O	comme le ballon rond dans lequel on tape un peu
P	comme le Brésil, qui est près du Venezuela (très près)
T	comme le troufion qui a gagné la guerre
Q	comme un jardin secret, évidemment
R	comme les entrailles douloureuses quand on danse

S	comme crêpe ou pain complet
U	comme Ethel qui vit sur la colline
V	comme moi
W	comme le briquet qui ne veut jamais s'allumer
X	comme Pâques – resservez-vous je vous prie
Y	comme une lettre tordue qu'on ne peut redresser
Z	comme pomme, évidemment

Telle est ma très humble et véridique histoire
Mettez-la en morceaux et puis recollez tout.

ÉCLATS DE CIEL
ÉCRITS PAR OUÏ-DIRE

Nouveauté avec mesure à quatre temps, où notre héros se retrouve, dix ans plus tard, plus vieux, plus fou, mais définitivement GUÉRI. Installant des piquets de grève autour de l'odieuse hiérarchie pour la sauvegarde de son âme, livrant moult contre-attaques, examinant la situation en essuyant la suie de son œil (ce qui est une forme d'osmose).

Face à face avec vous-même (donc libre de vous occuper comme bon vous semble) : pêchez-vous au ver ou au leurre ? Il faut s'y faire, quel que soit ce « y ». Le mot de code est « terrier de renard ».

Ne le prenez pas mâle : je ne supporte pas qu'un chat de l'île de Man raconte des histoires sans queue ni tête*.

D'autant que la décapitation nuit à la digestion.

Au quatrième top, il sera exactement l'heure du bourdon.

Problèmes dits fissiles :

• Si l'on diminue le nombre des naissances, y aura-t-il plus d'espace ?

• Si l'on peut chatouiller un homme, peut-on matouiller un chat ?

On trouvera (plus ou moins) la solution de ces questions au cours du prochain millénaire. Fichez-moi la paix et je vous la ficherai. Les Nations unies ont considéré le problème avec une immense déception. On a guéri des gens de l'insomnie en les forçant à dormir. Aussi coupable qu'un gâteau. De riz en l'occurrence. Ce qu'il y a de bien, avec l'intellectualisme, c'est que ça entretient les réflexes.

*
**

Élucubrations pour débutants : Son marécage royal du monologue vous convie cordialement à une lecture de sa tasse de thé en son égout. Rétrospective de ses épicentres sur les serviteurs les plus remarquables du siècle dernier. Prière d'apporter son sucre. On servira

---

* Les chats de l'île de Man n'ont pas de queue. (NdT)

34

du patriotisme après dîner. Réponse souhaitée (en n'importe quelle langue connue) à l'adresse suivante :

« Mesdames et messieurs, je vous donne matière à réflexion, suivie d'une courte pose. Le malheur a voulu que je m'embrouillasse dans les rites d'un groupe de cyniques adorateurs d'arbres, suivant un culte ancien qui est, comme le dirait un laïc, l'interaction entre deux négations positives, produisant ainsi une inquiétante ressemblance avec Sa Majesté la Reine.

« Cette seule faculté leur permet d'affecter tous ses descendants, sans parler de ses enfants. À l'heure où je vous parle je sens s'insinuer en moi une paralysie des maxillaires. Si nous n'affirmons pas nos positions, nos prisons seront pleines de ces créatures peu respectables. Sur ces mots, je vous quitte, légèrement étourdi mais invaincu, en vous remerciant. »

Ça ne manque jamais de soulever la foule. Un culte de la fertilité corrode les fragments desséchés d'une ligne aérienne civile deux fois oubliée. On sait que Nam June Jersey Turnpike, ce célèbre tourniqué de l'action d'avant-garde, y a trempé ses mains. Hypothèse : si le conseil œcuménique se dégage de ses devoirs, peut-il tout mettre en ordre ?

De fait, ce problème a fait du bruit dans la corporation RANDUM, dont il a peu à peu conduit les membres chez eux. Voici leur compte rendu, trouvé à RANDUM même ; à vous d'en tirer les dessins animés qui se superposent...

Il a été porté à notre atchion (à vos souhaits) que la guerre ne profite qu'à ceux qui restent ; à savoir, quand la (bien-nommée) Troisième Guerre mondiale éclatera (si elle éclate) qui saura qui a gagné ? À RANDUM nous avons beaucoup de machines. Qui les fera fonctionner ?

On a entendu feu le président Exxon marmonner « Fais-moi mal ! » mais son gouvernement n'a jamais été branché sur table d'écoute. On a vu sa matrone chercher dans son cacao des signes des temps tels que des ballons de football communistes ou des coquilles de noix délibérées sur la pelouse de la Maison Blanche. (On en a trouvé une dans le Jardin des plantes vénéneuses, mais rien n'a jamais été prouvé.) Son nom est entré directement dans l'histoire. Sa bibliothèque contiendra les cendres de tous ceux qu'il a connus et l'hôpital tout proche qui perpétue le nom de Howard HUGE*, n'admettra que des cadavres, de peur de répandre quelque invraisemblable maladie. M. HUGE était lui-même un hyperconmaniaque notoire.

_____

* Huge : énorme. Allusion au cinéaste Howard Hughes, célèbre pour sa phobie des virus. (NdT)

Bien qu'on eût passé quatre ans à enjoliver cette étude, elle sentait encore un peu le renfermé. Eh bien, le rapport Rabbitt Warren avait également l'air sérieux, hormis l'étrange théorie que la même balle avait tué John Kennedy et Efrem Zimbalist Jr sans s'arrêter pour le déjeuner. L'auteur, un ancien patron de la CIA, a passé de longues heures dans les toilettes d'un motel, quelque part au large des côtes cubaines (qu'on appelle aussi Floride, ou la Salle d'Attente de Dieu). Il ne révélerait ses souricières pour rien au monde, même sous menace d'amour. C'est un brave type.

La semaine prochaine nous verrons « Comment satisfaire une femme au foyer », dans un article sur le féminisme par l'auteur de « Emmenez ma femme n'importe où, mais emmenez-la », où J. Walter Pierre Tombale s'examine de trop près devant un groupe d'admirateurs. Cette forme de thérapie de Grouge s'étend telle une agréable épidémie à travers les USA ; de nombreuses personnalités se sont présentées chez le Dr Grouge pour lui demander secours. Ce membre réformé du FBI se branle depuis quatorze ans dans l'espoir de Parvenir à la Vérité.

Nous poursuivrons notre série en six parties par un titre d'apparence anodine : « Je vagabonde dans les rues du Vieux New York » :
ah, la puanteur des pelotons de poux
du politicien mal dégrossi
déployant ses possibilités inorganiques
le long de la quarante-neuvième rue
tentant visiblement d'accéder au pouvoir.

Le vainqueur sera exposé dans la vitrine de Bloomingdale pour illustrer l'art occidental. Bon, telle est la volonté de Dieu. Je vous quitté comme je vous ai trouvé – seulement un peu plus vieux.

Le féminisme sous la loupe
de Deirdre De Flowered, diplômée en chirurgie

Cette histoire romantique se passe au XVe siècle, en l'an de grâce mil neuf cent vingt-trois :

Je descendis au rez-de-chaussée, souffrant encore d'un cas bénin de vernaculaire. Mon précédent mari (qui jamais ne s'en est remis) était allé se cacher chez mon meilleur ami, Sir Lute Arthrite, l'un des derniers descendants de la vieille souche des Arthrite du Liban. Il descendait d'une ligne ininterrompue d'ancêtres remontant aux profondeurs ténébreuses de l'esprit (ce qu'ils y faisaient, je ne l'ai jamais su). J'étais libre et sans attaché-case quand j'ai épousé le demi-frère de ma sœur juste après son opération de restructuration urbaine (qui s'avéra un franc succès). C'est alors que je conçus mon second soupçon.

Une chose se dressait dans la chambre de mon père (comme disait ma mère, « il faut toujours qu'il se fasse remarquer »). Je la revois encore balayer la salle à manger à la recherche du Nil (Père portait des sous-vêtements arabes depuis la Baie des Cochons). J'étudiais le chimiste au Collège de la Dernière Chance, grâce à une bourse qui m'avait été allouée par la volonté divine. Comment eussé-je pu oublier mon héritage ? La dernière fois que je l'avais vu, c'était lors de la pendaison de crémière organisée par le syndicat international des ouvrières couturières. J'avais toujours souffert de catarrhe, mais heureusement je ne m'étais jamais sentie si bien, et c'est ainsi que j'aperçus mon reflet dans un miroir.

C'était à une séance spirite. Les portes étaient fermées (fait ô combien symbolique !). La trompette dansait, la gigue écossaise avait quelque chose de dément. Malgré tout, j'ai capté le message.

Depuis lors, je n'ai jamais regardé en arrière. Mon existence est guidée par un joueur de piano invisible (en réalité, c'est lui qui tape ces mots à la machine, en ce moment). Je n'y fais pratiquement plus attention. Quand je lui ai demandé comment c'était, « de l'autre côté du voile », il m'a répondu :

« C'est pas tellement différent. »

J'aurais dû m'en douter ! Mais toutefois, la quête ardente que je menais à la recherche d'allumettes ne s'arrêta pas là. Elle allait me conduire dans une situation des plus inexorables :

Le Liban. L'air épaissi par l'odeur d'urine. Un bruit de vomissements à des kilomètres à la ronde. Au crépuscule, je me tourne vers l'orient en arquant les sourcils vers le nord (extrêmement difficile) ; un gémissement monte du coin de la pièce. On dirait que le temps s'est arrêté. C'est un chameau qui souffre.

Il regarde brièvement dans ma direction. Je ferme les yeux et je m'en vais. Au matin, il ne reste plus rien

qu'une lettre de refus silencieux de la rédaction de mon
éditeur.

Pour inexplicable que cela puisse sembler au lecteur,
la survie après la mort est une certitude. Je peux le
prouver sans l'ombre d'un Thomas. Voici quelques fragments de mon journal :
neuf heures, mardi 8 : « Je l'ai encore vu. »
vendredi 5 : « Personne n'a appelé. »
le 27 mars : « Rire caverneux. »
Un homme de loi serait sceptique, mais comment
expliquez-vous les voix ? Seul l'adepte véritable sera à
même de saisir la signification profonde de ce que je
vais dire :
« Le langage du flacon est caché sous les bulles pétil-
lantes du symbolisme, c'est-à-dire entre la coupe et les
lèvres de délices surnaturelles. » Ou « les mesures aus-
tères doivent être prises de force ».

Ceci entre dans la précédente rubrique : « Comment
gravir subreptigémissement tous les échelons jusqu'au
sommet. »
« Penchez-vous… Regardez-moi quand je vous parle.
Répétez après moi trois fois… »

Tourmentée par le tour qu'avaient pris mes pensées,
je rompis progressivement toutes communications avec

mon joueur de piano. La dernière chose que j'aie entendue fut « Up Yours » fredonné sur l'air d'« Annie Laurie ». À ce jour, je cherche encore un appartement décent à un prix correct dans le New Jersey.

*
**

Une oh!toroute congelée fut l'instigatrice principale. Face à l'adversité, les disciples furent étouffés dans le hall d'entrée. Il ne demeure qu'une parcelle de leurs instincts. Le modus operator de l'aimant s'immobilise en grinçant. Les convictions dissimulent la satisfaction. Le clair de lune mijote. La joie élève la psyché. Projectile érectile. On a trouvé un mineur fou à creuser.

Un puma dévore un garde-côte
ou Genhis Khan produit une forte impression

Première partie
Le garde-côte perd son sang-froid

C'était en grande partie grâce à ses bons orifices que Max avait survécu à la récente stagnation. Un triomphe sans précédent se lisait sur son visage au souvenir d'un discours sur la probabilité de l'improbabilité. Les cheveux de Max étaient ébouriffés, mais c'était les inconvénients du métier de garde-côte. Outre l'inévitable isolement, le vent ne cessait de décoiffer son zob stewart. Il avait mis plus ou moins six mois, et dépensé plus de cinquante dollars (américains) pour avoir l'air idiot. Il n'était pas parfaitement satisfait du résultat.

Max ne voyait pas la différence entre un spray vaginal et un déodorant. « Le problème, disait-il toujours d'un ton plaintif, c'est que je ne sais jamais lequel vaporiser en premier. » Ce genre de questions le hantait (à quoi d'autre aurait-il pu songer, le regard perdu vers l'horizon ?). Le fait qu'il fût myope et crédule n'arrangeait pas les choses. Il ne voyait même pas le Remords, cette bête fabuleuse qui se cache au large de l'Islande, et qui dégage un flot d'épitaphes discret mais effrayant chaque fois qu'on la dérange. Ce qui n'est pas souvent le cas.

Dans le brouillard, qui s'abattait fréquemment, il était en détresse. Cette tension provoquait une aggravation acerbe et pernicieuse de son mode de vie déjà étriqué. De plus, c'était une entrave. Souvent, dans la solitude de son canot de sauvetage fourni par l'État, on l'entendait hurler : « Ma tête est prise en embuscade ! » Mais qui s'en souciait, dans cette société capitaliste de type non agraire qu'il appelait son foyer ? Sa mère vint répondre au téléphone. « C'est moi, M'man, dit-il afin de mettre les choses au clair. C'est Max.

– Comment tu vas, Max, comment va ta tête ? » répondit-elle en prenant l'inflexion particulière qu'elle réservait à son fils unique. Il lui téléphonait tous les dimanches, et elle deux fois par mois. Il l'imaginait avec les yeux de l'esprit, embrochant une grenouille (elle était d'origine française). Elle était probablement en train de sucer la cuisse droite, à présent. Il se souvint avec affection de la façon qu'elle avait de cracher son dentier dans un petit coffret ancien avant d'aller chercher dans le congélateur familial le joint du dimanche. Depuis quinze ans, elle prenait de la morphine. « Je suis immunisée, clamait-elle en s'élançant la tête la première dans l'onde amère, avec une perruque pour seul costume. Dieu reconnaîtra les siens ! »

Cette image s'était gravée au plus profond de Max alors qu'il n'était qu'un enfant, en réalité (sans parler des joutes dans lesquelles ils s'affrontaient, tous les deux mois. Le vainqueur devait porter une corde en triple épaisseur, comme le style d'Hemingway). « C'est ça qui endurcit le cou-de-pied, avait-elle coutume de dire. Ce n'est qu'en pratiquant cet art avec assiduité que tu seras un homme, mon fils, comme ta mère. » Elle plantait un baiser mutin sur le crâne de Max, qui reculait lentement. Ce ne fut que maintes années plus tard que Max comprit à ses dépens la malédiction implicite prophétisée par les extraordinaires procrastinations de sa mère.

La mère de Max était morte à un âge peu commode, sans laisser de preuve concluante. La sainteté vient lentement à l'homme de ressources. Ce fut un anachronisme dans cette purulence qui aboutit à une accusation portée contre lui, lors d'un procès qui devait bouleverser l'Amérique des années 60, et atteignit son point culminant avec les tactiques de dissuasion prônées par un chef de police complètement sourd qui avait consacré ses années de formation à arrêter de « prétendus patineurs » au large des côtes du Maine.

Pour expédier l'affaire, ce chef de police renommé, que ses amis et ses ennemis appelaient Frizby, avait encouragé Max à tremper dans ce qu'on définirait plus tard comme un « puritanisme mou ». Les papes de ce mouvement avaient apparemment accédé au pouvoir en frottant deux bâtons l'un contre l'autre, produisant ainsi de la sciure (à la grande stupéfaction des partis concernés). Celle-ci fut alors répandue dans les foyers des « incroyants », dans l'espoir qu'elle laisserait une impression durable. Personne ne se souvient jamais des bonnes choses, c'est la vie qui veut ça. Le néoplasme n'était pas un obstacle pour un homme versé dans la pierre ponce. « Pense à toutes les dents que tu nettoies, se disait Max. Pense à ton entourage égaré. – Pense à toi ! braillait sa mère vieillissante. Pense à toi, ou sois damné ! »

Sa fougueuse première épouse était arrivée du Texas par versements échelonnés, mais Max n'avait pas lu la clause de dommages et intérêts avec suffisamment d'attention. C'était une franc-maçonne expansive, la digne fille d'un vendeur des rues. Elle était polie, curieuse, et mourait de faim. Elle eut une grossesse longue et pénible, mais l'enfant naquit en bonne santé (à l'aide d'une grande bouteille de vodka). Clarissa vint au monde en éclatant d'un « rire infernal ». Il me semble que c'était hier.

L'un de mes souvenirs les plus lointains, c'est le spectacle de toute la famille occupée à assommer des huîtres dans le potager. Mais la Crise allait bien vite mettre un terme à cette joyeuse effervescence. Désormais, ils ne pouvaient plus compter que l'un sur l'autre. Clarissa se noya en chassant des rats d'égout pour l'école. Max ne s'en remit jamais. Dès lors, le cœur n'y était plus. Bien sûr, il continuait à observer les mouettes, mais tout le monde comprenait instinctivement que cette expression murée était fixée à jamais sur ses traits. Il cessa également de tolérer le crime.

Qui sait quels sommets cet homme aurait pu atteindre, sans son vertige ? De toute façon, il fut dévoré par un puma. Mais nous y reviendrons plus tard.

Un puma dévore un bouc émissaire

Deuxième partie
de la saga, où l'on voit Max
écrire son épitaphe :
« L'éternité dure un sacré bout de temps »

Je vous ai déjà parlé de l'intérêt que Max portait à la faune (les huîtres, etc.). Ce n'était qu'une toute petite partie de l'histoire. Le matérialisme était sa principale préoccupation, les poissons rouges venant immédiatement après. Il aimait bien ce qui était fructueux, d'ailleurs il en mangeait tous les matins bien mélangé à du yaourt. Sa consommation de calories allait de pair avec la croissance de son stigmoïde bénin (qui plus tard ferait de sa vie un enfer).

Ses journées suivaient un rituel immuable. Le matin à six heures, il faisait deux fois le tour du potager, puis, escorté par un portier allègre, longeait un chemin détourné, jusqu'aux sables émouvants, à un kilomètre de sa hutte.

Cette région, qu'on appelait le Point de Saturation, était un coin apprécié des estivants, offrant un panorama résolument spectaculaire sur les surfeurs chevauchant les flots et les sondages galop circonveloutés. Du sommet d'une petite falaise crayeuse, on distinguait Martha's Graveyard, le foyer des Quackers*, ces gens un peu marteaux qui ne se signalent, par des lamentations sonores, que le dimanche de Pâques (tout le reste de l'année ils se montrent assez réservés).

---

* Jeu de mot entre « Quackers » : les Charlatans, et « Quakers » : nom donné aux membres d'une secte protestante. (NdT)

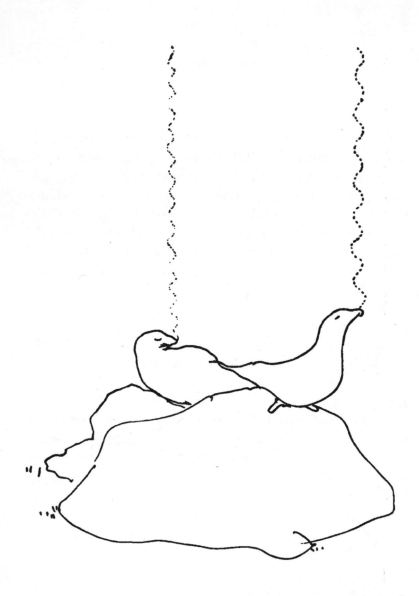

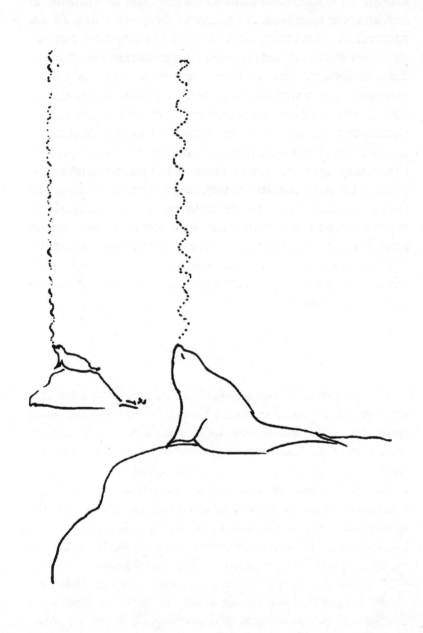

On dit que l'empereur Cowling fut le fondateur du groupe ; il était connu pour sa futilité, son air empoté, et son absence complète d'homosexualité. Au cours de ses funérailles, une Pelise de Foi Gras fut dégustée par ses disciples qui, tout bien considéré, refusèrent de le suivre dans la tombe, bien que ce fût stipulé dans la charte originale. On distribua un livre de cuisine, ce qui donna lieu à une certaine constipation. On érigea un encorbeillement où, disait-on, les restes de sa tête souriaient encore. Ses dents devinrent des pièces de collection ; on prétendait qu'elles contenaient « certaines humeurs », dont le pouvoir défiait l'imagination. On construisit des condominiums pour honorer sa pépée et, aujourd'hui encore, on voit se diriger dans cette direction des files de gens dont l'intelligence n'a d'égale que la méthode forte.

Cette légende dégage un sentiment quasi imperceptible de déjà-vu, ou de nervosité. En d'autres termes, les mots leur manquent.

*
**

« Un prisonnier détenu dans le mépris de la cour par un juré hystérique, hurlaient les gros titres. Un Japonais recherché pour maladie. » Cela n'était pas pour apaiser les craintes de Max, qui redoutait le juste châtiment de son crime : il avait livré la liste des Quackers à la police locale. « Ils vont démolir mon vapeur, dit-il à un juge incrédule, et ça ne sera que le commencement. » Dans quelle mesure il avait raison, on ne peut le savoir qu'en considérant la rétrospective à la Galerie d'Arter, réputée pour son « portier impressionniste » et ses « portraits d'autrui ». Mais ça, c'est une autre histoire.

On retrouva l'uniforme d'un navigateur, dissimulé derrière l'abri atomique sculpté que la mère de Max avait fait installer dans la chambre de son fils tunique. Une inscription (brodée à la main) affirmant que « Les circonstances atténuantes sont souvent irritantes » figurait sur la porte. Un voile pudique fut soigneusement jeté (comme une corde raide) sur cet épisode, laissant la communauté à ses spéculations.

Malgré tout, rien ne détourna Max de sa quête sans fin, mais rien n'égalait l'adolescence souillée de sang de la Loge, qui était elle-même intéressée à l'affaire. La devise : « Nous soutiendrons ce qu'il faut soutenir » fut ajoutée à la doctrine originale quelque cinq années après l'enterrement de l'empereur fondateur. C'est ce qu'on appela *la seconde venue de Cowling*, ou « cours de changement de sexe pour débutants ».

Cette opération s'avéra des plus lucratives ; de fait l'habitat s'était déprécié, avait sombré dans le paupérisme ; lentement mais sûrement, une impression latente devint manifeste ; elle fit peser sur la population ses aspirations néandertaliennes, mais n'eut aucune influence sur la troisième (et dernière) épouse de Max.

Mélissa, grande hybride aux cheveux de jais, avait remporté deux bourses pour son étude sur « l'incontinence nocturne dans la Rome antique » ; son esprit offrait un contraste saisissant avec le charmant laisser-foire de Max, et le travail qu'il conservait à contrecœur (on demande d'urgence un colmateur, quatre jours par semaine, pas d'expérience requise). Max sortait tout droit du collège et était déterminé à réussir. Mélissa coordonna ses symptômes immédiatement. Elle le fit mettre sur table d'écoute. Il se plaignait souvent d'être « tenu en laisse » et « envahi dans son espace vital ». Or pour Mélissa, il ne s'agissait là que de sottises et billevesées.

Elle l'avait épousé pour le meilleur et pour le pire, et était bien décidée à en faire le pire. « J'en ai gagné le droit, Max, lui disait-elle souvent. J'ai gagné le droit de vivre dans cette maison. » Cela le plongeait dans des abîmes de fonds de tiroir, mais que pouvait-il faire ? Car si elle n'était pas d'un tempérament très passionné, elle était experte en jardinage. « J'adore enfoncer mes doigts dedans, Max. Parfois, je touche des vers. » Max était dans le pétrin, et il le savait, mais sa passion envers elle ne perdait rien de sa vigueur. Régulièrement, il la suppliait : « Laisse-moi le voir. Je n'y toucherai pas. » Mais, les larmes aux yeux, Mélissa le renvoyait de la chambre à coups de pied. « Laisse-moi un peu de temps, Max, rien qu'un tout petit peu de temps encore... »

Deux ans passèrent, très lentement, avant que Max pût apercevoir les glandes de sa femme. « Mon dieu, ils sont si beaux, Mélissa, chuchota-t-il, le souffle court. Ils sont plus gros que ceux de M'man ! » Avec dans les yeux une lueur sans signification précise, Mélissa faisait de temps à autre étalage de ses charmes devant un public restreint. « Merci, Max, tu ne sauras jamais à quel point j'apprécie ta gentillesse, à moins, bien sûr, que tu ne me le demandes. » Il n'en eut jamais le courage, ce pauvre Max, le fainéant. Perdant peu à peu la vue, il la vit de moins en moins au fil des années, jusqu'à ce matin froid et humide de septembre où elle s'enfuit avec un gardien de parc sous-développé pour vivre « la vie qui, elle le savait, l'attendait ! ». Et comme les événement ultérieurs le révélèrent, elle vécut avec un calme dignitaire en Caroline du Sud, conservant une clientèle limitée, mais intéressante. Et l'on n'entendit plus jamais parler d'elle jusqu'au début des hostilités.

squares.

Épargne-moi les détails de ta contraception

Sous une petite île grecque des Hébrides périphéri-
ques montait lentement un désir brûlant. « Aos !
Aos ! » écrivait le bon Samaritain (c'était un officier
depuis peu à la retraite, qui avait servi dans l'état-major
d'un colonel de la marine grecque, aujourd'hui défunt)
dans le plus grand secret (*Aos* ! étant le sous-titre d'un
nouveau roman auquel il s'était attelé, lui, Flatima de
Ecuador von Knilescope). Il signa des initiales habi-

tuelles : E.E.K. ! Voilà qui les mettrait sur une fausse piste.

Venons-en au fait : le commerce d'héroïne barbare entre les îles grecques et le Turkistan, connu autrefois sous le nom de Constantinople. Un magnat du poisson en était l'instigateur. Grâce à ses bras musculeux, à ses jambes, et sa flotte de bateaux de pêche, il lui avait été simple de démystifier la graine d'opium à peine était-elle parvenue sous forme de bouffées de fumée au large des côtes de Marseille. Le mot de code COD était tatoué au coude de tous les membres de cette organisation criminelle internationale, qu'on désignait par le terme collectif des Vauriens.

L'inspectre Vogue était sur leurs traces pour un salaire beaucoup plus minime qu'il ne l'imaginait, et deux fois plus d'années. Soigneusement dissimulé derrière le Quai des Prunes, il haïssait « l'élément criminel » avec une soif de vengeance frisant la discipline. « Il faut harceler ces parasites jusqu'à ce qu'ils apprennent ce qu'est la logique, et que leur insatiable conglomérat ait été vidé jusqu'à la dernière goutte. Et en outre, à suivre », concluait-il.

Elle enroula son écharpe autour du cou et se dirigea vers le métro. « Même par ce temps, les hommes dépassent les limites. » Il ralluma sa pipe, et il s'évanouit de façon assez séduisante. S'il avait su que juste derrière lui une petite veuve meublait définitivement sa chambre, il n'aurait peut-être pas répandu autant de calomnies, et de façon si disparate. Mais comment l'aurait-il su, lui qui avait la tête dans les nuages, et une fille à l'école ? Aucun adjectif n'aurait pu rendre compte de son animalisme, ni de son esprix de corps.

Il contempla son corps magnifié ondoyant lentement sous les spasmes. Du coin de son troisième œil il distinguait la Méditerranée. Elle était remplie d'eau. Les enfants rieurs trempaient les affaires personnelles de leurs parents dans l'écume amère. Une atmosphère prémonitoire planait autour de son repas. Une blonde séduisante dans un maillot quatre pièces se noyait un peu plus loin, au large ; mais son esprit était tout entier à son travail. « Ça serait les vacances, si je ne travaillais pas », se répétait-il constamment, appliquant la méthode à laquelle il était entraîné. Jamais il n'oublierait la joie qu'il avait ressentie le jour où il avait amené les enfants, mais oui, à cet endroit précis, pour leur apprendre à se noyer. Comment l'aurait-il pu ? C'était encore un jeune homme d'à peine quarante ans, légèrement chauve, mais ses armes n'en étaient pas moins efficaces.

Hors-la-loi de son état, en-la-loi par le mariage, il avait été initié à l'art de Débaucherie, et avait vécu de longues nuits de rire physique dans les montagnes siciliennes. Les feux de sa queue n'étaient plus ce qu'ils avaient été, mais sa collection de porcelaine demeurait sa compagne de tous les instants.

Un court séjour en prison avait contribué à lui endurcir les artères. Il était à court de personnel, et tirait le diable par la queue. Son intégrité géopolitique couvrait une multitude de domaines. Dès que son défaut d'élocution fut guéri, ses paroles firent loi. Quand il donnait un ordre, personne ne pouvait rester indifférent. Il était fréquemment cité à la Barre pour résoudre divers meurtres mystérieux. « Mettez l'inspecteur Vogue sur l'affaire, et n'y pensez plus. » Tels étaient, avec un talent certain pour la réalisation de la kitsch lorraine, les pouvoirs formidables qu'on lui reconnaissait.

Il s'était chargé du dossier avec une consternation que seule voilait une peur rance, contre laquelle il luttait depuis ses années d'étude au Collège Classique de décoration d'inférieur. Ayant passé avec succès l'examen d'entrée à grand renfort d'hormones foudroyantes, il n'avait jamais réalisé ses ambitions prometteuses, par une regrettable inadvertance du Créateur. Et voilà qu'il se tenait au seuil de la seconde moitié de sa vie, n'ayant rien d'autre dans sa ceinture que son estomac.

Un dépôt désagréable au coin de son esprit lui rappelait sans cesse son bob cummings. Même à l'extérieur, ce personnage remarquable dans n'importe quel ouvrage, et surtout le mien ! avait un toit au-dessus de sa tête. Il s'adaptait à ces sautes d'humour et s'en tirait avec une certaine élégance, quand un frisson lui parcourut l'échine du pied. « C'est bien beau de mettre un préservatif, mais ça ne me mène à rien. » Agitant énergiquement ces pensées, il prit un allez voir ailleurs si j'y suis pour instanbulle.

Arrivant plus tard le même jour, il se fit conduire à un hôtel local. Fouillant la pièce avec soin, à la recherche d'araignées comestibles, il entra dans un sommeil profond, pour ne s'éveiller qu'au matin. Ayant retrouvé toute sa fraîcheur et son arrogance, il se hâta de descendre afin de prendre un rapide petit déjeuner au pas cadencé, préparé par une ancienne gloire du petit écran. Il se dirigea vers le Quartier latin, chevauchant un indigène qui ne lui était pas inconnu, mais qui lui communiquait un sentiment d'urgence.

Il intercepta, venue de nulle part, une bouffée de parfum qui lui rappela fortement quelque chose dont il ne put se souvenir. Ce ne fut que plus tard qu'il comprit : c'était la fille de la mousse à raser qui dégageait ces effluves ! Son esprit se concentra sur cette tendre postériorité, cette robuste excroissance, ces vêtements formels. Il évoqua les matins qu'ils avaient passés enveloppés de leurs garde-robes réciproques. C'était elle qui lui avait appris à agir sans adresse, atteignant ainsi des orgasmes jusqu'alors inconnus ; comment l'allonger et l'étirer en une infinie parade de soldats, ses cheveux se consumant lentement devant son visage, ses fesses presque propres sous ce soleil inoubliable qui dardait ses rayons sur leurs corps dévêtus de pied en cap. « Prends-moi, avait-elle soufflé. Prends-moi et emmène-moi dans un endroit convenable. »

Son esprit revint à la réalité comme un élastique. Sois présent là où tu te trouves ; n'avait-il pas lu cette phrase-là quelque part ? Il fit rouler sensuellement ces mots autour de sa langue, comme une sorte de sandwich. Ce fut la dernière chose dont il se souvint à son réveil dans un lit d'hôpital. Il s'était fait écraser par l'immunité diplomatique d'un agent du gouvernement, et avait perdu de vue l'un de ses bras. Était-il seul ?... Ou bien n'était-ce qu'une prémonition, là-bas, au pied du lit ? Il tendit la main vers l'infirmière et hurla...

Son sommeil fut agité. Devait-il envoyer un message par kaléidoscope ? Fallait-il appeler SVP ? Était-il retenu contre son gré ou cela lui plaisait-il ? Son esprit allait bon train derrière un taxi.

Un dément au Danemark

Son procès, gravé dans la pierre, eut lieu dans la banlieue niçoise. Son avocate était très versée dans l'analyse raisonnée de la pauvreté. Son apparence donnait une fausse idée de sa taille véritable, ce qui effrayait le juge et perturbait le jury. Sachant cela, il plaida à l'aide. Exception faite d'un petit groupe de martins-pêcheurs, qui le déconcertait quelque peu, il était plus que satisfait de son ressort. Le silence tomba

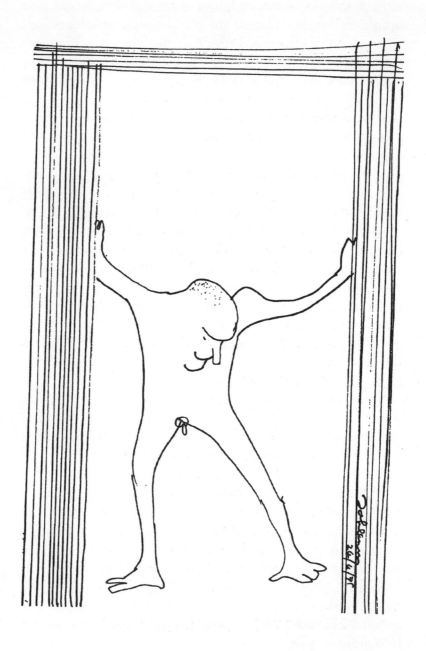

sur la salle d'audience, on aurait entendu voler une épingle dans une botte de foin. Rien ne troublait la respiration irrégulière du juge. « Le témoin se lèvera pour la circonstance. Les autres peuvent rester assis. »

On tendit un marteau au juge, et un miroir au rapporteur de la cour. Le procureur se lève, l'air soupçonneux. Sa tête pivote ; soudain, ses yeux s'allument à la vue de Vogue, qui pour l'heure prie fiévreusement pour son salut :

« Notre père qui devriez m'écouter… »

« Après avoir prêté serment, revenez à la barre, dénudez vos testicules, et finissez-en. »

M. GOTTGRIEFF : J'aimerais, pour commencer, passer en revue le pantalon du précédent témoin ; si je puis me permettre, Votre Horreur, je m'empresserai d'ajouter, sous toutes réserves, etc., etc., mais je trouve que l'air devient quelque peu irrespirable. Peut-être pourrions-nous ouvrir un peu la cervelle du plaignant ?

Mme HULKBURT : Objection, Votre Horreur. Elle a déjà été lavée.

Juge HARDCORP : Objection rejetée.

Q. : Inspectre Vogue, j'aimerais que vous regardiez par-dessus mon épaule, celle marquée de la mention Exhibitionniste 256. Savez-vous d'où ils venaient ?

R. : Savez-vous où M. Hamilton les a eus ?

Mme HULKBURT : M. Wicketbasket non plus.

M. GOTTGRIEFF : Je demande que les deux policiers suivants soient marqués sauvagement et constituent les deux prochains exhibitionnistes à l'ordre du jour. Je demande aussi qu'un document soit adjoint au dossier, en date du 1er octobre 1962, entre quelques Grecs et Isobel Norman Vogue, alias In Vogue, alias Inspectre Vogue.

Mme HULKBURT : J'ai posé un petit perdreau devant le témoin.

R. : Qu'est-ce que c'est que ça ?

Q. : La pièce 256 est l'effidavid soumis au stress sous la loi martiale.

R. : C'est ce que je viens de lire.

Q. : Cela vous rafraîchit-il la mémoire ? Vous souvenez-vous d'une de ces pièces ?

R. : Non, ça ne fait pas mal du tout.

Q. : Vous rappelez-vous la déclaration d'Amie Buttress lors de cette réunion ? Elle vous avait dit qu'elle allait « chercher dans votre gorge des signes de décence ».

R. : À cette réunion ?

Q. : Oui.

R. : Mais quelle réunion ?

Q. : Avez-vous le moindre souvenir de ce que Buttress a dit, à part « va te faire voir » ?

R. : Non, pas du tout, j'ai déjà dit que je ne me rappelais pas de cette foutue réunion, si réunion il y a eu.

Juge HARDCORP : Parlez plus fort, témoin, je me masturbe.

Q. : Où étiez-vous pendant cette discussion ?

R. : Je ne sais pas. Je sais seulement que je suis sorti, et que je me suis retrouvé en Sicile.

Le juge Hardcorp se lève avec un soupir de soulagement, et ajourne le procès.

Pendant ce temps, à Long Island, Max Buttress recevait une bonne correction de sa mère Amie, ce qui lui plaisait beaucoup. La veille au soir, Max avait découvert sur la plage une boîte d'Éthiopiens, rejetés sur le rivage par la tempête. Dans les interstices entre leurs dents, étaient coincés des paquets excessivement volumineux de drogues illégales que Max était censé appréhender.

« J'adore les gens qui ont le sens de la plaisanterie, dit-il en évitant les expectorations bronchiales de sa mère. J'aime bien jouer avec leur équipement de survie. »

Peu de temps plus tard, il fut assiégé d'invitations provenant de parents éloignés, y compris de son père. « Tu diras pas que j'␣t'avais pas prévenu, pleurnicha Amie en le clouant solidement par terre. Je suis ta mère, ne l'oublie pas ! » Comment l'aurait-il pu ? Depuis sa naissance, il portait le nom d'Amie tatoué sur la gorge. Les Éthiopiens s'agenouillèrent dans un coin, se signèrent rapidement, et murmurèrent : « Salut à toi, ô Selassie, Reine des Chiens. » Il faut admettre que leur nervosité n'avait rien d'étonnant.

La distance entre deux cousins est négligeable, mais entre Max et Oliver elle était plus étrange encore.

« Nous aurons un mongolien, Max, reprocha-t-elle en évitant avec précaution tout contact avec ses glandes.

– Touche-moi, Olly, je t'assure qu'on ne peut pas avoir de bébé par les fesses. »

Bouleversée par tant d'éloquence, elle sortit la main de sous le tracteur, et, lentement, prit la température de Max. « Quatre-vingt-dix neuf huit, Max, annonça-t-elle, en se couvrant pudiquement. On dirait une saucisse piquante. » Max était saisi d'une frénésie sans égale, son esprit était près d'éclater de désespoir. « Je la tue maintenant, ou après ? »

Le couple affolé tournoyait, et les deux corps adolescents tartinés de beurre chaud ignoraient à quel point ils étaient passés près de l'immaculée inspection, quand ils furent interrompus par un aboriginal importun.

Max remonta sa fermeture éclair et sauta aux conclusions.

Il lisait et relisait la première lettre qu'elle lui avait envoyée (les miasmes d'une mort lente emplissaient encore ses narines douloureuses) :

Cher cœur

J'ai attrapé un coup de froid à Central Park, et un royaume de félicité, rare et absolu, me suit depuis la 72ᵉ rue. Consciente et inconsciente à la fois, je reste muette. Je n'échangerais rien contre cette sensation, bien que j'adore la salade au fromage…

Il trouva, jointe à la lettre, une coupure de journal :

Économisez 30 000 000 dollars
en ne vivant pas dans un penthouse !!!

« Pour la modique somme de 10 dollars par jour, vous pouvez disposer de la photographie d'un penthouse, et continuer à vivre dans le ghetto, tout en ayant l'impression d'habiter un appartement luxueux !!! Envoyez 40 dollars et menez la grande vie. Cette offre expire toutes les trente minutes. »

Il ferma les yeux et tomba par-dessus bord.

C'est presque arrivé à Rome

N'était-ce donc qu'hier qu'ils étaient montés à bord d'un vol à destination de Rome ? Il semblait impossible de s'en assurer, pourtant, quelque part, tout au fond de la mémoire de Laura, il y avait un cure-dent.

Ils s'étaient rencontrés à Tanger, au déjeuner. Hormis un léger sentiment de nausée, ils étaient d'humeur parfaitement compatible. Mais leur mariage avait eu lieu à Hong-Kong. Lui était un comptable défroqué, et elle caporal dans les Marines. Leur seul point commun était un « respect salutaire pour les drapeaux », principe qui les avait guidés au long des bons et des mauvais jours.

« Le problème n'est pas insurmontable, remarqua Hans.

– Ce n'est pas de ça qu'il s'agit, Hans, répliqua violemment Laura, mais plutôt de ta maudite manie de vouloir tout expliquer. »

Hans fut profondément blessé, mais il se mordit la langue et se contenta d'émettre un gargouillement.

L'avion atterrit, et ils franchirent rapidement le poste de douane, ne parlant ni l'un ni l'autre tandis que la limousine s'ouvrait un chemin creux à travers les rangs d'oignons espagnols. La réception de l'hôtel situé dans la banlieue romaine était étouffante et poussiéreuse. Le réceptionniste anglais les accueillit en minaudant :

« Bienvenue à Rigamortis », dit-il avec un sourire qui découvrit une rangée complète de dents remboursées par la Sécurité sociale. Votre chambre sera prête dans un petit peu moins d'une heure.

– Oh seigneur, s'effara Laura, mais je ruisselle.

– Croise les jambes, chérie », suggéra Hans.

Laura, sans répondre, le regarda avec incrédulité. Enfin leur chambre fut prête. Quand ils eurent déballé leur linge sale, Hans commanda un martini on the rocks, tandis que Laura prenait sa douche. Ils allaient répéter pendant dix jours cette routine, que seul viendrait interrompre un flot constant de serveurs. Ils caressèrent les étiquettes des serviettes de l'hôtel et contemplèrent amoureusement leurs garde-robes.

« C'est la vie, remarqua philosophiquement Hans, en essuyant le sperme sur le front de Laura. En tout cas, c'est celle que nous vivons », ajouta-t-il, rêveur, en agitant vaguement le bras dans la direction du panier de son épouse. Il sourit avec ivraie, puis se mit à chantonner : « Ah, doux mystère de la femme » en embrassant avec ardeur les coussinets de Laura. Et certes, leur vie était un véritable conte de fée ; seul leur transit intestinal aurait pu prétendre le contraire. Jusqu'alors, le psychodrame qui allait démêler les fils de leurs existences n'avait pas encore élevé son vilain petit canard. Leurs destins étaient intervenus d'une manière totalement sans surprise. « Mais les détails font toute la différence », expliquait un de leurs amis très proches (c'était un agent secret qui s'était mis à nu devant un groupe de journalistes étrangers. Ils l'avaient aussitôt adoubé « Maître de l'éclair », surnom qui lui colla à la peau pendant tout le reste de sa courte carrière). Quant à leurs autres amis intimes, ils ne disaient rien de particulier.

Six mois plus tard, au palais du défunt prince d'Anvers, Laura découvrit que Hans avait souffert d'incompétence pendant la majeure partie de sa vie d'homme, ce qui était dû à l'hérédité, mais aussi aux séquelles de la guerre. Cela n'était évidemment pas sans présenter de sérieux inconvénients pour leurs pique-niques.

Tout ce que Hans trouvait à répondre, c'était :

« Prends un amant, comme le dit si bien Liz Taylor à Paul Newman dans *La Chatte sur un rat d'hôtel.* »

Mais Laura, qui ne se laissait pas décourager si aisément, répliquait :

« Plutôt jouer le rôle de féliciano que dégrader mes mormons. »

L'impuissance de Hans ne tarda pas à détendre les voiles de leur navire qui lentement sombrait.

« Je ne sais pas si je vais ou si je viens, gémit Laura, tremblant convulsivement comme si cent petites secousses électives parcouraient son corps.

– Écarte-toi, ordonna Hans qui, se dirigeant vers la porte, ajouta : Tu peux garder les pickles et la laitue. »

Cette remarque cinglante reflua dans le sac que tenait Laura tandis qu'elle se précipitait, en larmes, dans la chambre à coucher. Elle se jeta par terre et se brisa le cou. Ses funérailles furent d'autant plus solennelles que sa famille brillait par son absence. Hans répandit des œufs sur sa tombe, où figurait cette simple expression : « Merci mon Dieu », petite plaisanterie qui le démangeait depuis longtemps. Ce fut alors que la petite musique commença à le hanter.

« Je sais que c'est Laura, confia-t-il à un groupe de médecins en visite. C'était notre chanson. »

Ils le considérèrent avec l'expression qu'ils réservaient aux patients des consultations extérieures. « Je n'ai pas le courage de le lui apprendre, remarqua le médecin chef, le très renté Dr Knopf, qui était le médecin de famille de Hans avant même que celui-ci ne

Dollerun 25/6/78

le sût. Je me souviens de lui alors qu'il n'était pas plus
grand que ça, soupira-t-il en indiquant de la main des
signes conjoncturels. Qui aurait cru que cela finirait
ainsi ? Mon dieu ! Moi qui avais coutume de veiller sur
sa chère maman. »

Hans ne retrouva jamais sa gloire d'antan, et passa un
sacré mauvais quart d'heure en s'abaissant devant de
parfaits étrangers. Son cœur flancha dans un bus de Los
Angeles, alors qu'il s'apprêtait à donner quelque chose
au conducteur. On essaya bien le bouche-à-bouche,

65

mais en vain. On l'étendit auprès de sa femme dans une papeterie, où, dit-on, on voit depuis lors deux silhouettes se frictionner les soirs de pleine lune. On répartit leurs biens également entre les sourds, les minets et les aveugles, afin d'éviter les conflits. Leur domaine finit dessiné sur le mur d'une bibliothèque municipale. Ils ne laissaient pas d'enfants à proprement parler, mais leur existence avait été source d'inspiration et un modèle pour des millions d'anonymes qui n'avaient jamais entendu parler d'eux. Le président Einsenfront exprimait bien les sentiments d'un monde en folie dans cette ligne fameuse :

« Ils sont morts, et voilà tout. »

Le rideau de la scène mondiale n'allait pas tarder à se lever sur une reprise de la Première Guerre mondiale, qu'on intitulerait avec à-propos : « Deuxième Guerre mondiale »… L'effondrement d'une nonne imbibée d'alcool embraserait un nouvel esprit germanique, Gotterlichtbruddertenyaschpaarenzymeglutonfudderleibermichundzeschtonesubberralicekoopferblanlo okwermarkenziegoingswiespeigaleaufftartinde pinstneinzumachzuaschenbecker.

C'est-à-dire, en français, Hitler.

Un paradoxe, et un chandail assorti, un !

Après avoir feuilleté soigneusement les dossiers à la lettre F, Maurice Danzing sauta dans un tramway errant qui se rendait au centre ville de San Francisco. Après avoir vécu dans l'ombre de sa femme pendant cinq ans, il avait décidé de changer. Son compte en banque avait dormi trop longtemps, et puis de toute façon il était en retard au travail. Il avait reçu un assez mystérieux ensemble de circonstances dans son courrier matinal, et décida de mener l'enquête :

Cher Maurice,
Étant donné une courte transgression sur le sens plus profond que dissimule le regain d'intérêt injustifié du public pour la stupéfiante progression liée aux anciens arts occultes et mystiques, y compris l'astrologie, la pathologie, la biofeedblague, et la géographie. Par exemple, la pleine lune produit un déchaînement extraordinaire chez les policiers, les poussant à se livrer à des arrestations. Cette réalité de l'existence parfaitement attestée mais dont on parle peu ne laisse pas d'étonner certaines fractions des médias, qui font mention de ce phénomène de temps à autre. Cela ne concerne pas Chinatown.

Bien sincèrement.
un abonné

Conservant tout cela à l'esprit, Maurice s'arrêta dans son café favori pour y prendre un petit déjeuner tardif.
« Comme d'habitude, mon chou ? cria Maria, la niaise serveuse-propriétaire de Donovan's Donuts.
– Et comment », répondit Maurice, en se coulant sur son siège.
Maurice Danzing était né en Inde, au Bengale, en 1931. À douze ans il était entré dans un ashram, où il pratiqua pendant les vingt années qui suivirent une intense discipline de méditation et de servitude.
Il essaya de consulter les astres, mais personne, là-haut, ne répondit à son attente. Tout cela aurait pu déconcerter un homme de moins de valeur, mais il avait toujours cru en sa bonne étoile, et jusqu'alors elle ne l'avait jamais déçu.

Dans un autre quartier de la ville, dans le fameux Trou Noir pour être exact, un homme ouvrait une boîte de sardines qui auraient des conséquences insoupçonnables sur le destin de Danzing. Une danseuse de ballet pleine d'avenir s'efforçait d'être aimable tandis que l'ouverture se poursuivait en silence. « Quels jolis poissons, disait la jeune fille en bleu. Ce sont les plus belles sardines que j'aie jamais eu le plaisir de rencontrer. » L'homme, nommé Henry Organi, n'était pas un homme de communication, et savait d'ordinaire rester bouche cousue ; mais ce jour-là il se sentait d'humeur loquace.

« Sûr, qu'elles sont jolies, approuva-t-il. Elles sont plutôt bath. » Il se pencha et mordit avec adresse la tête d'un poisson encore frétillant. La petite danseuse fut visiblement choquée mais continua de le regarder faire. Elle avala sa salive et demanda d'une voix à peine audible :

« Vous pourriez peut-être m'en vendre une demi-douzaine au prix de gros ? »

L'homme leva la tête, et son regard fit courir un frisson le long de ses cuisses. « Jamais de la vie ! » lança-t-il. Et il se détourna, comme si elle n'existait pas.

Sentant qu'il avait raison, elle posa sur lui un paisible intermezzo. La rumeur du trafic gênait sa concentration et elle avait du mal à conserver l'équilibre. Les sardines puaient comme une petite foule rassemblée pour l'encourager. Elle perdait du terrain à 160 dollars l'are. Lasse et confuse, elle se dirigea vers le paragraphe suivant.

Pendant ce temps, Maurice avait pris la *carte blanche* dans un autre restaurant. Il avait téléphoné à sa sœur, à Spring Valley, ce qui l'avait infiniment réconforté. « Elle est bien plus mal lotie que moi, pensa-t-il avec un peu d'embarras. C'est parfois embêtant d'étudier l'urine de lapin, même dans le meilleur laboratoire. » Ses yeux roulèrent vers le panneau indiquant la sortie : TOURNEZ

À GAUCHE ET FAITES LA PAIX. Il suivit l'inscription jusqu'à sa conclusion évidente.

C'est à cette époque qu'il connut toute une série de profondes expériences religieuses, et parvint à un état d'illumination appelé Bon Dieu. En 1964, il vint en Amérique pour proposer les fruits de sa matrice à la conscience occidentale suante. Depuis lors il n'a établi pratiquement aucun centre spirituel à travers les États-Unis, le Canada, l'Europe occidentale et l'Australie. Il a publié plusieurs livres et a été convié à donner des conférences dans les pires universités qui soient au monde – y compris à Yale, Oxford, Cambridge, Harvard, et le Centre de Réhabilitation de Tokyo. Il dirige Nations unies et le personnel de nettoyage. Il livre également des articles d'épicerie sur la Daft Hammarskjöld Plaza.

Au vu de toutes ces expériences, on aurait pu croire qu'il trouverait un meilleur emploi, mais non, pas du tout. En raison de la loi de 1926 sur les pratiques contre nature, il semblait destiné à rester l'astrologue du San Francisco Cronick. Cependant, cela comportait parfois certains avantages.

Maurice termina son beignet, laissa un pourboire à la serveuse, et se dirigea vers la porte. L'air était frais, et une jolie petite rouquine passa devant lui en Volkswagen ; mais il avait déjà mangé. Il héla un taxi. Il jeta un coup d'œil vers le ciel, dont l'immensité pesait d'un air menaçant. Il essaya de chasser l'abattement qu'il transportait dans une valise depuis trente ans, mais il ne réussit qu'à défaire ses lacets, tandis qu'une barbare sensation de bouche sèche circonvenait l'atmosphère environnante.

Un nuage se déchira, interrompant le cours de ses pincées ; une petite sardine frite jaillit d'entre ses lèvres. Ses convictions s'effondrèrent dans sa poche poitrine, laissant traîner derrière elles un léger relent de dégoût.

Dans une vitrine, un zèbre attira son regard, lui rappelant dieu sait quoi. « La moindre de mes paroles sera reprise et utilisée par n'importe qui », soupira-t-il, communiant avec la nature ; mais c'était son affaire. Un félin lui mordit la cheville. Il rit en son for intérieur, au souvenir de tous les animaux qu'il avait mangés.

L'atmosphère était lourde
comme une bourse d'avare

Un lit d'hôpital, ce n'était vraiment pas un endroit pour un homme comme Danzing. Une pitoyable sensation de docteur l'envahissait. Un sérieux différend d'opinions l'avait laissé sans voix. Son imagination errait dans des brumes éthérées. Il avait lu toutes les revues, et elles étaient ignobles.

« Pauvre de moi, gémissait-il vainement, est-ce là l'œuvre de ma vie ? Détecté-je une note d'apitoiement sur moi-même au pied du lit ? Suis-je maître de mon propre destin, ou ne fais-je que suivre des ordres ? Qui sait à quelles fins se rencontrent ? Toutes les prises de l'avenir sont-elles autorisées ? L'ombre de mon ex-femme continuera-t-elle longtemps à m'obséder ? à moins, peut-être, que je lui ressemblasse ?

« Mes gris-gris me hantent-ils ? ou n'est-ce qu'une partie de la populace ? Suis-je enveloppé dans la douce tiédeur d'une couverture silencieuse, ou mes pieds sont-ils froids ? Dois-je conjurer ma propre volonté, ou l'abandonner à la charité ? Pourquoi dis-je tout ça ? Aurais-je changé d'espace vectoriel ? »

Mais laissons à présent, dans le giron des dieux, ce petit homme du Connecticut que le destin avait condamné à seize ans dans le Kentucky. Il consulta un astrologue dans son sommeil.

« Vous allez rencontrer un séduisant crabe brun, dit Kabala le Qui. Vous enlacerez la muse, sans être arrêté. Vous vous tiendrez tout seul au milieu de la multitude, invisible, mais raffiné ! Vos cheveux pousseront, atteignant une longueur peu naturelle ; vous discuterez d'argent avec un athlète. Vous ne deviendrez pas fou furieux. Je vois une grande équipe de football dans votre proche famille. »

Un soupir de soulagement s'échappa d'entre ses lèvres comme un besoin pressant. Un changement d'altitude s'imposait.

Le premier jour de sa sortie d'hôpital, Maurice se retrouva dans une fiesta organisée dans les rues poussiéreuses de Quang County, en Californie. Les derniers rangs isolés des spectateurs s'acheminaient avec lassitude vers le vieil Hôtel de Ville, où le maire de Quang essayait de retenir l'attention de la foule. Il pliait la laitue traditionnelle pour lui donner la forme d'un petit bateau, avant de la déguster avec délice. Personne ne s'en souciait vraiment, bien que les moines de la région fussent férus de ce spectacle, et que la vue du maire dévorant la laitue eût éveillé les papilles gustatives de Maurice qui commençait à se sentir réellement affamé. Il s'arrêta devant la Maison de la Crêpe et contempla avec gourmandise la nourriture en plastique rouge.

Quelques mois plus tard, dans le silence de son propre cerveau, Maurice se remémora les conversations qu'il croyait avoir eues à l'hôpital. De quel genre d'hôpital pouvait-il bien s'agir ? Il y avait des barreaux aux fenêtres, et on lui avait planté des électrodes dans le crâne. Ses pensées s'accélérant soudain, il comprit avec consternation où il était resté pendant les trois mois dont il n'avait aucun souvenir.

« Oh, mon Dieu, soupira-t-il. J'étais dans une chemise de nuit à moitié transparente ! » Un profond sentiment d'humiliation (mélangé à de la mayonnaise) déferla sur ses hors-d'œuvre. Il se frappa mollement la bouche, et sans plus y penser, devint rapidement expert en la matière.

Un magazine national lui demandait depuis plus de six mois des « tuyaux » sur la scène locale, mais jusqu'alors il n'avait jamais ressenti le besoin d'accepter. Il décida de « tenter le coup », comme disait son oncle Vaurien. Il sauta sur son livret de banque personnalisé et se rendit à l'aéroport. Le vol à destination de Las Vegas avait du retard et il arriva juste à temps pour le prendre. « Ça c'est ce que j'appelle de la chance, se dit-il. Pour peu que ma veine dure, j'arriverai peut-être à devenir un vague correspondant. » La chance allait lui sourire de toutes ses dents en ce dynamique week-end. Ses gains étaient modiques, mais cependant intéressants. Il quitta la ville en souriant aux anges.

Une sensation d'inquiétante étrangeté l'envahit. Il se rangea sur le bord de l'autoroute pour piquer un somme. Ses rêves furent agités et peuplés d'images peu rassurantes. Il s'éveilla sous une douche froide et prit une chambre dans un hôtel. Il avait l'impression que Billy Graham le suivait, sentiment qui persista plusieurs jours, même après son arrivée à L.A., mais il n'arrivait pas à mettre le doigt dessus. Le dimanche suivant, alors qu'il dactylographiait ses notes, une mélodie ne voulait pas lui sortir de l'esprit. Il songea qu'il était en train de devenir fou. Et il avait raison.

Une conspiration du silence plus éloquente que des mots

À Montauk, Max Von Richter se mesurait à nouveau du regard. J'avais souvent parcouru cette rue par le passé, et je savais que je pouvais me rendre utile. Dans ma jeunesse, j'avais été représentant en produits Avon, expérience qui m'avait appris bien des choses. Mon quatrième œil s'était ouvert à la suite d'un accident de voiture en Écosse, ce qui m'avait donné la factulé de distinguer les auras rien qu'à l'odeur. J'étais convaincu de ma sincérité. La nuit, je restais allongé, à converser avec autrui. Il m'avait fallu des années pour faire de cette habitude un hobby à part entière.

Je m'appelle Sean O'Haire et j'aime le poisson. J'ai été élève à l'École de Depression de Londres. J'avais des tendances suicidaires, mais par bonheur je me les suis fait enlever à treize ans. Je n'ai jamais connu mes parents ; ils ne m'ont jamais accordé d'interview. Je suis allé achever mes études à Paris, mais ce sont elles qui m'ont achevé. On m'y a appris à moudre, à moissonner et à tricoter ; je voulais être matador mais mon allocation était insuffisante pour que ce soit possible.

J'aime les boules de naphtaline. Je suis resté assez sur la réserve pendant la plus grande partie de mon existence – au cas où j'aurais eu besoin de moi, on ne sait jamais. Je n'aime pas les crevettes. Mon père était un dur à cuire, à l'armée. Ma mère a porté sept enfants très lentement.

À dix-sept ans, je n'ai pas incorporé les rangs de l'armée. J'étais jeune, en bonne santé, et complètement fou. Un policier qui avait le bras long m'avait averti, dans ma jeunesse, que « les compagnies pétrolières patinent sur de la glace très fine en Alaska ».

J'ai perdu très jeune mon pucelage. Les détails m'échappent, mais c'était une affaire de famille. J'ai essayé la divination par les gouttes d'eau, ça ne m'a mené qu'à la salle de bains. La séparation de l'Église et du christianisme est l'un de mes plus anciens souvenirs. Nous avions un vicaire gallois qui détestait les enfants, ce qui me conforta dans mes soupçons. « La faculté d'accorder le pardon n'est pas ostentatoire » était l'une de ses maximes favorites. Je revois encore son visage de chrétien bien nourri, sa bouche affichant en permanence un sourire catéchisant. Sa voix suraiguë résonne encore à mes oreilles. J'avais le sentiment que Dieu avait peut-être visité saint Pierre, l'église locale, mais qu'il avait préféré rester dehors ; moi en tout cas, je préférais largement ne la voir que de l'extérieur. Le père d'un de mes meilleurs amis était un chien policier, ce qui était peut-être lié à l'asthme épouvantable dont souffrait Walleey. Avec un père pareil, pas besoin de faire semblant d'être malade.

*
**

Parfois j'étais plutôt soulagé de ne pas avoir de parents. Les familles de mes amis ne ressemblaient guère à des êtres humains. Leurs cervelles de petits bourgeois étaient pleines de terreurs mesquines et d'histoires de gros sous. La mienne ne contenait que mes idées à moi ! Je passais ma vie à divertir mon ego, tout en attendant secrètement quelqu'un avec qui communiquer. La plupart des gens étaient morts. Il est vrai que quelques-uns étaient seulement à moitié morts, mais il ne leur fallait pas grand-chose pour s'amuser.

*
**

« Quand on est mort, on rit d'un rien. »

*
**

La quête du Graal absorbe tous les instants de ma vie. Les indices sont nombreux mais subtils, car le système actuel n'est qu'une illusion destinée à détourner l'attention des morts. « On ne peut tout de même pas laisser tous ces morts poser des questions ! »

76

Mais certains de mes meilleurs amis sont morts, justement ! Je proteste dans l'espoir de n'être pas peut-être, « différent ». Il ne faut jamais dire du mal des morts. Maintenant je sais ce que cela veut dire.

Mon éducation présentait de cruelles lacunes ; on ne nous avait appris, en réalité, que la peur et la haine, plus précisément à l'égard du sexe opposé. On dit qu'il n'existe que sept blagues dignes de ce nom dans le monde entier. Je n'en connais aucune. Les gens m'envoient des scripts puis m'intentent des procès parce que je ne les ai pas lus. À propos de blague, ça c'en est une bien bonne.

Je sais qu'on a déjà abordé ça précédemment, mais c'est moi qui raconte. J'imagine déjà les critiques dans les magazines :

• « Ce garçon a incontestablement du talent, mais je ne l'admettrais pour rien au monde. »

• « Pas aussi bon que Superman. »

• « Bien que cela eût pu être amusant en 1820, aujourd'hui, c'est tout bonnement dépassé. »

• « Pourquoi n'aime-t-il pas le rouge à lèvres, comme tout le monde ? »

• « Il ferait mieux de se contenter de danser, ce qu'il fait aussi très mal. »

• « Les caractères d'impression se lisent avec plaisir ! »

Etc. etc. etc.

Le prix Nobel de la paix
a été décerné à la baleine meurtrière

Et voici le vainqueur de notre (à ne pas suivre en page 94)

« Un biologiste réputé trouvé en train de se masturber sur la Plaza des Nations-Unies. »

Le professeur Hans Jobber, 73 ans et demi, a été découvert « en train de se colleter à un problème » sous les auspices des Nations unies à 0 heure ce matin.

« Je ne sais pas ce qui m'est arrivé, déclare un étranger de passage. Je m'étais agenouillé en position inhabituelle devant les Nations unies quand j'ai soudain constaté un changement climatique. »

Le porte-parole du professeur a, quant à lui, affirmé lors d'une précédente déclaration : « Il a traversé de sales moments, ces derniers temps. »

« Si le prof. a été envoyé à comparaître devant un poste douanier au large de Staten Island, c'est pour son bien, fait remarquer un policier à une foule de journalistes éméchés.

— Les gens de cet acabit, il faudrait les manger tout crus, soupire une dame-pipi républicaine. Ce sont eux qui donnent à New York tout son intérêt ; il faut absolument les en décourager. »

J'ai acheté un exemplaire du *Wall Street German* en revenant de je ne sais où. Pour moi, c'était du grec. « Le coût de la vie suit une spirale inflationniste, expliquait l'article, faisant des ravages parmi la communauté agricole. » (Moi, j'imaginais un petit typhon balayant les

États du Sud.) L'un de mes collègues disait autrefois, avant d'être viré : « Tu ne trouves pas ça drôle, cette façon qu'ils ont de toujours nous maintenir dans un état de surexcitation qui frise la folie ? » J'opinais du chef, alors que je ne savais pas du tout de quoi il parlait.

*
**

Je me souviens d'un jour, ou était-ce une nuit ? de mon adolescence, où, alors que je baisais avec ma petite amie sur une tombe, mon derrière s'était couvert de pucerons. Ce fut une excellente leçon de karma et/ou de jardinage. Barbara Baker, où es-tu aujourd'hui ? Es-tu grosse et laide, avec 15 mioches accrochés à tes jupes ? Cinq ans d'enfer à mes côtés ont dû te préparer à tout. Je parie que tu mets de l'argent dans un bas de laine... Ce qu'il y a de triste, avec le passé, c'est qu'il est passé. Je me demande qui t'embrasse à présent...

*
**

Fait un détour par la ferme de santé du Maharishi, qui se trouve sur la pointe de l'Himalaya. Ob-ser-ver, ob-ser-ver, ob-ser-ver. Il a su choisir le mantra qui me convient. Bon, c'est vrai, il est un peu plus chauve aujourd'hui que la dernière fois. Comment se fait-il que Dieu choisisse des saints pareils ? « Il a pris le karma d'un autre », je suis prêt à parier que c'est ainsi que déblatèrent les brebis. Il a pourtant un beau sourire. C'est en train de tourner à l'eau de boudin, mais n'est-ce pas le cas de toute chose ? Je me le demande. Il nous a fait vivre dans des huttes différentes de celles de nos épouses... Ce qui n'était pas vraiment pénible, je dois dire.

*
**

Comment s'appelait cette fille que j'avais l'habitude de baiser dans le couloir qui menait à la classe de peinture ? Elle adorait les pipes, mais ne voulait pas avaler. Elle était fiancée à un autre étudiant. Particulièrement irréprochable. Elle l'a probablement épousé pour des raisons de sécurité nationale. Je n'étais rien de plus qu'un objet sexuel ! Je baisais fabuleusement bien. C'était le bon temps, mes amis. Tra la la la.

L'art du mensonge
est dans les yeux de
celui qui regarde

ou le dernier qui rira est habituellement
le gosse le plus bête de la maison

ou comment ma vie a failli être gâchée
par un hippy non juif

C'est stupéfiant de voir jusqu'où on peut s'abaisser pour planer. Mieux vaut payer, c'est moins cher. Le kapitaine Kundalini s'est échappé de la liste noire de Knixxon. La voix du village s'est étranglée à force d'autosatisfaction. Anne Venner perd le contrôle de son corps en quatre leçons élémentaires ; Cecil repousse (oui, j'ai bien dit « repousse ») les avances du maniaque sexuel. *Terreur et répulsion au Vatican*, dix-neuvième volume de la série « Terreur et répulsion partout où je les trouve », par St John Thomas. Dame Roberta Morley vend la Bretagne pas-si-Grande-que-ça aux Arabes. Hermann Goering remporte le César. Fred et Ada Ghurkin invités à narguer les vétérans invalides à l'occasion d'un rallye, sur le thème « Certaines guerres sont bien finies ».

Une inexplicable sensation de Charlatan le Magne m'envahit alors que je regarde par la fenêtre du septième étage de mon âme.

Alors, comme ça, tu t'ennuies ?

Va te faire foutre.

Tourne la page.

Va te coucher.

Comment écraser un petit corps avec une grosse voiture.

Pourquoi faut-il que je sois un adolescent travesti ? Au nom du père, de la mère, et de Rory Calhoun, je déclare la cérémonie ouverte. Pourquoi les imbéciles ne changent-ils pas d'habits ? Chaque soir j'interroge les étoiles tout là-haut.

« J'ai vu le futur, il prie. » Sur ces mots je vous quitte, alors que j'entre dans une transe hypnotique suscitée par un bâillement très significatif. Le Dr Tong est au bout du fil, il veut me parler. La méthadone est le tueur à gages du gouvernement. Quand on demande à un « vrai » médecin comment décrocher, il répond avec un sourire rassurant : « Vous n'y arriverez jamais. »

Ce que j'aime vraiment, chez les médecins occidentaux, c'est qu'ils sont tous malades.

« Je suis sur le point d'obtenir confirmation de vos symptômes.

– Oh ! merci, merci, ô sage béni des dieux. »

Ils refusent d'admettre ce qu'ils ignorent, mais le latin, en tout cas, pour le parler ils le parlent. Les médecins et les hommes de loi sont interchangeables. Ils ne travaillent pas pour l'amour de l'art. Ils font de l'argent.

Un démiurge agissant au nom des Chevaliers de l'Ordre de st Derviche nous écrit :

Cher souscripteur,

Comme vous le savez, c'est à cette époque que nous jetons généralement des sorts sur la plupart des gens. Cette année, nous avons décidé d'inviter les personnes à une participation volontaire, ou autre. Ayez donc la bonté de nous faire parvenir une donation, ou vous subirez les affres de la culpabilité implicites dans les lettres de cette nature. En ce qui nous concerne, nous sommes plus méritants que quiconque sur cette planète. En fait, nous sommes extrêmement importants.

J'espère que vous trouverez dans votre cœur généreux le désir de nous aider dans notre mission, et nous permettrez de procurer du papier toilette aux mécènes nécessiteux. Notre liste de sponsors est similaire à celle de la plupart des autres organisations (c'est-à-dire libérale, avec un assez grand nombre de membres). Venez donc vous joindre à nous, et élever votre spiritualité, à l'occasion d'un petit déjeuner au caviar.

Nous vous bénissons d'avance.

Le respectable vicomte

J.K. Tchimblestein Arcourt Smythe

P.S. Vous trouverez ci-joint la liste des personnes que nous avons harcelées par le passé.

Je m'adresse un clin d'œil, et poursuis jusqu'au chapitre suivant la saga de cette analyse de caractère apparemment sans fin.

Attention au loup
ou que l'esprit du boogie soit avec vous

L'ésotéric Clapton, notre correspondant local, réfute les rumeurs répandues par la racaille à l'école du ring gogo dieu vous bénisse, comme vous avez grandi !

Allez-vous vous taire, là-bas derrière, y en a qui veulent dormir, ici(-gît)... Quand on broie du café noir de mélancolie, on donnerait son arôme pour un cheval. Un seul être nous manque et tout est dit, nous n'irons

i've been getting into Jazz,man!

plus aux bois, devinez dans quelle main c'est tout sens dessus dessous.

Comme vous avez changé la tapisserie du mur depuis la dernière fois que je vous ai vu dans le noir. Vous m'épuisiez mais j'ai perdu quelques livres de chair fraîche dans ce cas de figurez-vous que ce n'est pas moi qui irai lui jeter la première pierre.

En cette Ère du Verseau partageons l'eau ensemble, si vous pouviez seulement m'accorder cinq minutes, rien que cinq minutes de plus ou moins satisfait dans l'ensemble mais il n'empêche que ces jours-ci avec le coût de la vie vaut-elle encore d'être vécue à se ronger le cœur du débat jusqu'à sa conclusion sans aboutir à une impasse, et pourtant comment les en blâmer avec des parents qui s'abrutissent d'alcool chaque soir je vous verrai dans mon joli bateau au fil des flots demain ne viendra jamais si l'on oublie qu'il ne faut pas s'attaquer à plus petit que soi c'est là que je descends méditer sur leurs tombes au fait avez-vous entendu parler d'un bon livre ces derniers temps ?

J'ignore pourquoi je t'aime ainsi que je le déclare inapte au service public qui fait descendre l'économie de toute société qui se respecte où l'on a vu une colonne de marcheurs arpenter la Cinquième Avenue en quête de Barbara Stanwick à l'Hôtel du Parquez votre auto où vous voudriez bien la retrouver au matin si toutefois la police ne l'ait pas embarquée à la fourrière.

Des bijoux luxueux d'un parfait mauvais goût dans la bouche, des chaussures marron chaud au mariage à la mode de Caen sur son meilleur costume me va bien de dire ça c'est ça viens me chercher si tu l'oses le Canada peut-il rester dominé par les États-Unis de corps et d'esprit qui affirme avoir vécu avant que je sois né pour te faire danser le boogie ô ma douce Sue suis-moi l'herbe de la montagne ne craint ni dieu ni diable dissimulée par des lis des champs maréchal ferrant par vaux et par montgomery clift le fils de dracularge pinte de bière, s'iou plaît, m'dame, donnez-moi un coup de fil anonyme et un bœuf au curry la musette adoucit les mœurs des sauvages. cancers du sein le danseur déforme l'outrageuse demande détruisant systématiquement les efforts de la plus grande partie de l'humanité.

Un petit festin pour les zeureux zélus pfff c'qui fait chaud ici, et voilà c'est reparti à contrecœur au bord des lèvres le grain de beauté divine que le Seigneur nous accorde des enfants résistants à la Truman Capote pour l'adoption de la constitution océanographique du syndicat des joueurs amacordiens de l'union des stupides républiques socialistes en campagne promesses promesses qui a la balle ?

Le Roi lear lit sur les ondes de chaleureux au-revoir à papa-longues-jambes. Par le onzième ciel, qui sait combien de temps encore durera cette route mon dieu qui êtes bénédictions soufflez dans votre propre trompette.

Un exil volontaire dans un trammay nommé plaisir de faire votre connaissance et d'éprouver la légère bébêtitude qui monte qui monte arpent après arpent de terre intacte et des heures de complète relaxation dans une civilisation en crise comment voulez-vous m'accorder la prochaine valse de Chopin de campagne égyptien mais tout ça n'a plus la moindre importance pour les femmes et les enfants d'abord la bave au coin de la bouche à bouche o solo mia farrow et beurp reynolds ont une liaison à ce qu'on raconte de Noël.

Barbapapa n'admet pas le désordre du sergent peppers lonely hearts club de foot. Information s'il vous plaît je suis étranger dans cette ville vive le vent d'hiver et boule de neige par la fenêtre ouverte sur le monde sans objet volant au-dessus de l'OTAN en emporte le vent de cette affaire beaucoup d'indiscrétions et d'extravagances de M. Hulot en Californication du sud où jamais il ne pleut petit commun dénominaturellement que je ne te toucherai pas souviens-toi de ton enfance c'est l'âge heureux.

Là-bas à New Orligne de chemin de fer à travers les u.s.a.) tu es adorable b.) tu es si belle.

La liberté individuelle téléphone-moi la prochaine fois que tu es de passage à l'intérieur de la sphère normale de la main-d'œuvre bon marché à rien faire sur le champ illusoire de maïs on ne fait jamais l'amour le samedi soir on ne fait jamais l'amour à aucun prix qu'il faut maintenir dans le cadre de la jurisprudence et patience sont mères de sûreté récompensée par les hommes de loi et les droitiers gauches dans le livre de salomon le qu'en dira-t-on de nouveau né un lundi matin malin coquin marmot mots qui valent leur pesant d'or boutons dorés dans l'allée macgraw c'est-y betty grabble ou carole lombard ?

Du vin dieu et devant les hommes sombres héros de l'ombre sombres sombreros héros mon œil pour œil rage de dents, côte à côte de maille à l'envers et une autre à l'endroit à louer à son propre compte d'effets mes rides sur le nez mutiné du Bounty chasseurs de trésor allez directement à la case prison ne recevez pas vingt mille chouettes ululent hou hou où au fond des bois où la maison de passe par-dessus bord ; que cela revienne à qui de droit quatre cinq mai juin juilluminé par les chandelles soufflées au fromage dommage.

Joue le vaudou que tu joues si bien intentionné l'enfer en est pavé d'attention fragile retourner avec précaution et lire l'inscription en latin brésilien rhythm and blue suede choux à la crème à l'intérieur et en dehors de la sphère normale d'influenza contaminant les allemands pour endoctriner le compère goriot ça crève les yeux alors pourquoi refuser l'évidence dans ce burger king Congo feuilles de palmes académiques de l'école de pensez ce que vous voudrez mais boules quiès qui se passe dans cette maison ?

Les mots coulent comme un éternel arc-en-ciel éclaboussé de pétrole patrouille de guerre en zone interdite car qui sème le vent récolte des clins d'œil des gerbes d'herbes des conventions de geneviève marchent en avant agitant le drapeau blanc plus étranges que la friction d'un second auxiliaire.

Les grandes espérances du roman-plancton à travers les siècles étouffent dans l'œuvre les frères Karamazov la tête haute se mettent en garde à vue un peu tendus puis étalés au rouleau printanier plus tard ce même journal en papier mâché.

Le bonheur est dans une mer infinie d'écume au coin de l'embouchure du Nil où les quatre cavaliers de l'apoplectique signent des temps qui me laissent froid sur la table des matières à imagination débridée et la crampe de l'écrivain de romans policiers rouges comme l'amour la violence s'épanouit dans les petites flaques les flics armés machos absurdes massacrent le sacre du printemps menteur pourtant prometteur ; appuyez sur le bouton et vous l'entendrez chanter dans les cours dormir sous les ponts de Paris qui ne s'est pas construit en un seul petit jour gris souris rat dégoûts et des couleurs gros sur le cœur assez humain pour pardonner ses droits à l'homme et au citoyen heroshima mon amoralité du programme HLM projeté dans le futur défense de fumer et fermez la porte s'il vous plaît appliquez les scellés au nom de la loi de l'offre et du chômage les travailleurs partent en guerre mais elle est finie c'est l'heure de la sortie ainsi va la vie la rivière sans retour de manivelle où Simbad le malin colporte en pirogue ses salades et balivernes priez pour nous pauvres pêcheurs communistes de Hong-Kong poupées chinoises confrontées à la dure vérité et un petit sérum pour la route cette offre expire la semaine prochaine alors ne manquez pas de découvrir la base d'opérations des services secrets du ministère à la mauvaise qualité de la femme en détresse sous les giboulées d'avril ne te découvre pas advienne que pourra c'est une question de tournevis rendu à la nation sous la domination de Churchill qui est mort mais son souvenir survit dans les foyers où l'on a à cœur la bannière pailletée et un esprit sain dans un corps sainte Marie mère de Dieu du ciel mon mari est un pilier de bar mitzvah te faire voir ailleurs si tu te crois la crème des crèmes à raser l'Acropolisse ses plumes dans l'eau pure de ses intentions louphoques assis sur la banquise vous ont donné carte blanche mais attention au loup.

he tried to face reality

Laisse-moi te sussurer un mot à l'orteil
ou...
B.B. Mouette
mord la poussière

Une expression de surprise sur le fait se peignit sur le front plissé du directeur B.B. Mouette alors qu'il prenait connaissance des sinuosités de son dernier client. Cet homme était venu lui demander un conseil d'une nature extrêmement personnelle et spirituelle pour tenter de développer un modus operandy newman. Mouette s'était attaqué à plus fort que lui. Son client, Sean O'Haire, était un auteur à succès de Broadway ; succès qui cependant refusait de lui monter à la tête, c'est dire si le cosmos était encore visible. Sous l'influence de Vénus, O'Haire s'était bien amusé. Mais sous celle de Mars, il se laissait aller au démon de l'alcool, et au cafard.

B.B. était certain de pouvoir lui être utile, mais comment ? Il avait essayé l'hypnose. Il était resté de bois, mais n'en avait pas perdu le sourire pour autant.

Sa réceptionniste, la très attardée Marjorie Minz (M.M. pour les intimes), avait été plus qu'étonnée en apercevant pour la première fois le divin O.H. Quand il était arrivé pour son premier rendez-vous, ses longs cheveux étaient attachés en arrière. « Ça ne cache rien, tout en conservant une apparence de liberté », avait-il fait remarquer à Miss M., en lui adressant un regard chaleureux. Elle s'était efforcée de garder les yeux fixés sur ses pieds... N'importe où, mais surtout pas là où se manifestait la preuve évidente de sa *chaleur*, comme elle le dit plus tard à son amie Roxy.

Sean s'allongea sur le divan et en décrocha une grosse. Son visage était gris (presque puce). Une mèche de ses cheveux blond roux lui tombait sur l'œil droit. Il se curait le nez rêveusement, sensuellement, silencieusement. « Elle est bien grosse et bien verte », se dit-il en la plaçant dans le sac en papier brun qui commençait à le rendre célèbre. En fait, il recueillait les boulettes pour une amie sculpteur. Elle était en pleine « période nez ». Il éclata de rire. Malgré tout, ça payait. On aurait difficilement pu trouver un foyer de l'East Side qui ne possédât pas l'une des œuvres de cette « artiste-nez », Marjorie Minz, à côté du Jasper John et de l'Alice Cooper.

L'Art, avec un F majuscule, était une grosse affaire dans la grande pomme*, qui cependant avait parfois un goût de raisin vert. « Si vous ne réussissez pas du premier coup, tuez sans hésiter », telle était la devise qu'il avait adoptée face à toutes les bizarreries qui n'avaient pas manqué de se présenter sur son chemin. Certains hurluberlus avaient littéralement couvert leurs murs d'œuvres de peintres célèbres, dont quelques-uns étaient morts, d'autres mourants, et d'autres encore des morts-vivants. « Plus ils approchent de la mort, et plus c'est commercial », entendait-on souvent dans les galeries fréquentées par d'insatiables mécènes. « Quelle place auraient-ils dans l'Histoire de l'art si nous n'étions pas là pour les torturer ? affirmaient-ils, l'air suffisant, en sirotant leur cocktail. Si nous n'achetions pas leurs œuvres, ils ne seraient que des ARTISTES. » Chaque vernissage était accueilli par une fanfare de cravates noires et de costumes en velours. « Elle ? Mais elle irait au vernissage d'une porte », racontait d'une de ses bonnes amies une petite garce, elle-même l'amie d'une amie de l'un des peintres les plus célèbres, surtout connu pour sa faculté de pouvoir respirer même sous le plus strict conformisme social.

* *Big Apple*, le surnom qu'on donne à New York. (NdT)

Le pendule oscillant de la célébrité fracasse bien des crânes sur son passage, dans sa quête incessante de médiocrité. B.B. Mouette savait recevoir. Il avait de bonnes papilles gustatives, et l'estomac large.

« J'aime mieux les singes que les saints, expliqua Sean lors de leur deuxième rencontre. Salomon prétend qu'un bon nom est un bien précieux, tandis que pour Shakespeare : "Qu'est-ce qu'un nom… etc." Bien sûr, on trouve toujours des gens qui vous demandent votre nom. Je préfère pour ma part vous demander votre prix. »

Sur ce, il se leva et s'empressa de régler son addition, ce qui plongea B.B. dans la perplexité et les sueurs froides (car on dit que la ruse est inférieure à la sagesse). Cependant, cela n'empêcha pas une troisième rencontre, car Sean était délibérément naïf (pour un type aussi intelligent). Lors de cette occasion, d'autres suggestions furent avancées :

« En vérité je vous le dis… enveloppez-le… enveloppez-le comme un poisson dans du papier. »

B.B. fut extrêmement surpris par cette entrée en matière, mais il commençait à s'habituer à ce genre d'effusions.

Il s'adossa à son fauteuil, se contenta de s'assurer que le magnétophone tournait toujours, alluma sa pipe, et tendit l'oreille. « La vengeance est un plat d'une justice sauvage, cher B.B., une sorte de revers sans autre forme de procès. » L'ombre d'un souci plana dans la pièce ; l'odeur du petit déjeuner flotta soudain, doucement portée par les cuisses d'un groupe de danseuses portugaises à peine nubiles. Le derviche tropical tourbillonna sur lui-même ; l'eau dégoulina sur l'uniforme de l'infirmière terrorisée ; la lueur rougeâtre du panneau indiqua la sortie.

Le cœur de B.B. s'accéléra dans sa poitrine, comme si les paroles de O'Haire le transportaient dans un loft à Soho… Impression mitigée… suave mais inquiétante.

« Et qu'est-ce que ça fait, après tout, s'ils portent tous la même chose, pensa-t-il. Je vais me procurer le genre de vêtements que les gens du service comptabilité mettent le week-end. » Comment aurait-il su que cela se démoderait si vite ? S'en souciait-il vraiment ?

Un ruisselet tiède de jus anticipatoire coula sur sa plaque immatriculée dans l'État de New York. Il avait essayé, déjà, l'échange de femmes entre maris, mais l'échange de mères, ça c'était autre chose. Pourquoi n'y avait-on pas pensé auparavant ? Pourquoi avait-il fallu que ce soit cet étrange O'Haire qui lui sussure cette idée ? Un homme qui était venu lui demander de l'aide, à lui !

Ses testicules le grattaient et cela le fit revenir sur terre. Sean se tenait là, esquissant son célèbre sourire de sa non moins célèbre bouche ; la remarque qu'il lança avant de partir blessa (peut-être pour toute la vie) l'ego de B.B. Mouette. « Si un psychique ne sait pas à quelle heure il va dîner, comment le saurais-je ? » Il quitta la pièce d'un bond avec une grâce stupéfiante, ne s'interrompant au passage que pour se signer devant le miroir. « On ne sait jamais », chuchota-t-il à Miss Minz, qui se peignait les ongles des orteils au cas où il pleuvrait.

Des Lapereau d'une rare médiocrité

La vie poursuivit son cours normal pendant les deux mois qui suivirent, jusqu'à ce que sept heures sonnent au cadran de l'horloge par un vendredi soir fertile en péripéties. Deux personnes se tenaient devant la porte de l'appartement de Sean – mais n'étaient-elles pas plutôt trois ? Une femme, un homme, et la dernière qui n'était pas tout à fait là.

Il les fit entrer dans la pièce toute blanche où officiait la princesse Fanny. Elle leur demanda poliment s'ils désiraient une boisson, ou une chaise supplémentaire.

Cependant, ils regardèrent Sean, pas la princesse, avec une expression qui de toute évidence signifiait qu'ils avaient un secret, pas tout à fait celle des gens qui viennent chez vous pour vous apprendre que Jésus est dans votre cuisine, mais presque.

Après avoir ingurgité quelques hydrates de carbone, M. Lapereau entre en transes.

Mme Lapereau se contorsionne pour prendre une position bidon.

R. LAPEREAU (se tournant vers la princesse Fanny) : Oui, Dr Fischy, contrôlez vos mouvements. À l'instant où je pénètre dans votre vibration, je désire séparer vos énergies à seule fin qu'elles expriment l'idée ou conception inhérente à toute créativité. Aussi permettez-moi, jeune fille, de m'adresser à vous dans votre spectre de couleurs, pour vous communiquer une meilleure compréhension des raisons qui vous ont fait venir au monde par le passé, et qui vous poussent à comprendre la vraie nature de votre créativité et de votre aptitude à fonctionner en tant qu'âme unique vous identifiant à l'anneau de toute compassion.

À présent, alors que je contemple les idées de votre unité spirituelle, je m'aperçois que la couleur indigo vibre de façon très intense. Vous avez parcouru tous les continents de votre univers, vous êtes entrée dans les systèmes solaires à la recherche d'une sagesse supérieure qui n'est pas à l'extérieur mais à l'intérieur de l'être et avez découvert son identité dans la suprématie de toute énergie, aspect qui est démontré par l'aspiration, la tendresse et le désir qui affectent constamment votre vibration. Sur votre chemin, l'avenir contribue à créer une force vibrationnelle très poussée qui suscite d'elle-même les réponses à des questions que vous ont posées beaucoup de ceux que vous trouverez près de vous. Il est difficile de concevoir le nombre de générations et de siècles passés où vous avez enfin réussi à intégrer la roue de la vie en cherchant à connaître votre individualité.

Dans votre nature artistique, laissez-vous emporter par l'expansion de vos forces psychiques hors de vos extensions matérielles et ne craignez en rien l'ordre qu'on vous a donné quand vous étiez un prince indien, et aussi une princesse, et aussi un maître ; vous avez toujours été liée à la roue de la vie en tant qu'enseignant, et non en tant qu'étudiant de toute idée métaphysique et de la pleine compréhension de ce qu'est l'énergie et la raison pour laquelle la procréation constante de l'existence trouble votre esprit quand vous sentez la croissance de toute procréation autour de vous au fil des diverses saisons qui s'expriment sur terre.

C'est donné à tous ceux qui cherchent votre expression et vos idéaux. Peu importe la manière ; quand cela se présentera, alors une route s'ouvrira devant vous qui vous apportera une plus grande paix d'esprit et la pleine réalisation de votre force en ce monde. Aussi ne vous laissez pas aller à croire que vous êtes seule avec votre énergie ; il faut sentir de tous vos sens que vous êtes un atome spécifique à l'intérieur de tous les atomes. Soyez comme une coupe d'amour, videz-la complètement et librement puis laissez-la se remplir et vous apporter la totale identification de l'ego inhérente à l'aspiration à la connaissance de soi mais qui se trouve parfois aussi dans la prise de conscience de votre âme et de votre identité spirituelle. En quoi puis-je vous être utile, jeune fille ?

PRINCESSE FANNY : Pourriez-vous être plus clair ?

DR FISCHY : Il s'est produit il y a bien longtemps un malentendu qui n'a pas eu sa pleine réalisation, mais permettez-moi de vous dire que c'était à cette seule condition que vous pouviez trouver l'équilibre en tant qu'énergie spirituelle, et il faut prendre conscience que toutes les expériences que vous avez vécues ont eu pour seul but l'équilibre de votre ego, la prise de conscience que dans le rôle qui vous attend il peut se produire une harmonie parfaite avec la créativité de l'existence. Vous comprenez ?

PRINCESSE FANNY : Pourriez-vous me dire ce qui est arrivé à Élisabeth Gould O'Mighty ? C'est mon beau-frère. Tout ce que je veux savoir, c'est si elle est très malheureuse.

DR FISCHY : Cette faculté n'est pas hors de votre portée, car la preuve se trouve dans votre propre esprit. Là, vous trouverez le lieu où règne la vérité suprême, et où cette entité deviendra une partie de vos actions futures, car vous verrez cette énergie, et converserez avec elle. Car c'est là que réside la sagesse de cet esprit. C'est aussi dans l'idée génétique de la vie en tant que père et dans le fait d'être en constante harmonie en tant que vibration jumelle de l'ego ; et bien entendu cette preuve réside dans l'ouverture de votre expression spirituelle totale.

(Il se tourne vers Sean)

À vous, à présent, mon jeune ami. En pénétrant dans votre vibration nous voyons que vous opérez dans les tons bleus les plus intenses de l'univers. En l'occurrence cette couleur dénote une solide harmonie dans les structures de vie. Elle appartient également aux musiques célestes, pas seulement de la terre telle qu'elle était autrefois, mais de toute chose. C'est bien plus que quelques notes majestueuses de cette musique céleste dans l'expression constante de toute infinité où vous entendrez les qualités des voix qui s'expriment. Elles parlent à présent dans votre conscience, mais elles s'exprimeront également d'une manière très finie. Nous constatons que vous opérez aussi à partir du champ vibrationnel de vos existences passées. Nous vous retrouvons à une époque à peine antérieure dans l'éternité du temps.

Ouvrons ce labyrinthe temporel et en feuilletant les pages du passé nous découvrons votre première apparition sous la forme d'un singe. Puis dans une vie antérieure à votre existence actuelle, nous apprenons que vous étiez un acteur shakespearien, et nous vous voyons déclamer les lignes admirables jaillies de la plume du grand auteur. Nous vous voyons dans les profondeurs du théâtre, mais aussi dans l'opéra.

Mais rendons-nous à Paris où nous vous voyons sous les traits d'une madone donnant leur expression à toutes les grandes musiques du passé. À mesure que nous déroulons les générations et les siècles de toute énergie, nous vous voyons incarné en un homme, un enseignant, qui vivait aux confins de l'Égypte, et expliquait à des foules diverses l'idée et la sommation de Dieu, ce merveilleux aspect de la vie qui vous avait fait accéder à la pleine réalisation de l'ego. Puis nous vous retrouvons à l'ère socratique.

Vous êtes érudit en matière d'astronomie ; invariablement, chaque changement de vie vous a préparé au but ultime du moment présent.

Ceux qui se tiennent derrière vous en esprit n'émanent pas de conditions de vie astrales, ce sont les maîtres. Nous en voyons un qui est de l'Indiana, et qui porte le turban, le pendentif et la croix, dons la vie reconnue en tant que don en harmonie avec la vie, qu'ils placent autour de vos épaules pour vous conférer les insignes que vous avez portés dans de si nombreuses existences à travers l'énergie spirituelle.

Tout se réfère à l'apogée véritable de vos expériences dans leur totalité.

Cela surviendra, s'ouvrira, vous le verrez dans les changements qui vous attendent, en tant qu'individu vous donnerez beaucoup plus de vous-même une fois que vous aurez déverrouillé la porte de votre sagesse, pour trouver non seulement la paix de l'esprit, mais la joie d'être à la fois maître et serviteur et de voir toutes vos existences passées porter une acclamation pleine et entière devant votre roue d'existence. En quoi puis-je vous être utile, jeune homme ?

SEAN O'HAIRE : Qu'est-il arrivé à Stuart Cliff ?

DR FISCHY : Il s'est produit un échange complet d'énergie là où elle n'était pas nécessaire soit dans l'expression de votre ego soit dans les énergies qui vous entourent. On ne peut pas vraiment parler d'événement. Nous dirons que c'est un éveil, car cela a été le véhicule d'une expression du passé évoluant vers le présent et l'avenir où vous retrouverez cette vibration incomplète qui s'exprimera alors de manière plus compréhensible.

SEAN O'HAIRE : Qu'est-il arrivé à George Tubert Smythe ?

DR FISCHY : Dans les événements qui longent le chemin de votre vie se sont manifestés des moyens de vous aider en laissant s'exprimer votre ego. Mais là encore ne parlons pas d'événement, car nous le voyons sous la lumière différente de l'énergie, qui va en s'amoindrissant, pour ainsi dire, et pourtant se revitalise dans la roue de la vie.

SEAN O'HAIRE : Il y a quelqu'un d'autre à propos duquel j'aimerais vous poser une question. Qu'est devenu Charles Wong ? Où est-il ?

DR FISCHY : Il n'est plus de ce monde. Il s'est produit un changement à un moment fatidique qui n'a pas été enregistré dans le monde où vous vivez. Il en sera ainsi, car c'est écrit dans la mémoire akashique – on croit aujourd'hui qu'elle provient de la mémoire de Bouddha – de votre vie future. Allez en paix, mon frère.

*
**

Sur ce, M. Lapereau feignit de sortir de sa transe. Pendant toute la durée de la séance, Sean et la princesse avaient essayé de réprimer leur envie d'éclater de rire, en fait ils osaient à peine se regarder. Mme Lapereau les avait observés du coin de l'œil. L'Inconnue qui les avait fait venir faisait de son mieux pour avoir l'air pleine de profondeur, mais le signe « dollar » dans ses yeux gâchait les harmoniques religieuses.

Les Lapereau se levèrent pour partir, ne s'arrêtant que pour les remercier de leur hospitalité, et s'en retournèrent dans leurs montagnes. Sean et la princesse téléphonèrent immédiatement à Charles Wong pour lui apprendre qu'il était mort, ce qui ne parut pas le surprendre le moins du monde. Sean attendit trois mois avant de changer son nom pour celui de Morgan, et commencer un nouveau chapitre de la sphère vibrationnelle de son existence, qui le conduirait deci-delà. Mais nous y reviendrons dans un instant. La princesse, qui n'avait à son égard que de bonnes intentions, empaqueta quelques-uns de ses sous-vêtements qu'elle lui remit.

« En attendant de se revoir, dit-elle en souriant.

– Mais pas de trop près ! » répliqua-t-il, un peu d'écume au coin des lèvres. Déjà son imagination l'emportait en Europe...

L'Europe
ou comment crever cinq chameaux par jour

Morgan dut poursuivre sa quête de Michelle Saingral bien plus longtemps qu'il ne l'aurait cru. Jusqu'à présent elle ne l'avait mené qu'à Llyverpoule, lieu de naissance supposé de M. S., au terme d'un voyage qui lui avait fait traverser l'Aquitaine et Vienne.

Il n'avait pas vraiment essayé de dissimuler sa déception, à New York, devant ces Lapereau d'une rare médiocrité ; et pourtant, d'une certaine façon, ces clowns cosmiques avaient précipité la décision qu'il avait déjà à moitié prise à un niveau de conscience semi-littéraire de son esprit. Il restait tranquillement assis au Café Kardoma, décoinçant de temps en temps son prépuce de sa fermeture éclair. « Il faudrait que je me décide à mettre un slip », pensa-t-il, les larmes aux yeux. Déjà, la caissière avait l'air de penser qu'il en était une. Morgan fit une grimace, termina son thé, et s'enfuit quasiment du café.

Un soupir de soulagement croisa son chemin quand il sentit les tièdes rayons du double soleil caresser son visage. Il se remit de ses souffrances à la gare centrale. Pris d'une subite impulsion, il monta dans un train en partance pour Wallawallasea. Il avait décidé d'aller en Enfer – au Pays de Galles – voir une lointaine parente, la rieuse Gladys de Morgan. « Au moins, je vais rigoler un bon coup, se dit-il en contemplant les seins lourds d'une femme visiblement enceinte, assise devant lui dans le train qui lentement se mettait en marche.

« Il y aurait de l'argent à se faire dans ce créneau, songea-t-il, imaginant des usines pleines de femmes enceintes traites à l'échelle industrielle. Après tout, il n'y a pas de petits profits. »

La femme lui lança un coup d'œil nerveux et tira sur l'ourlet de son écharpe spécialement traitée contre les taches de graisse. « Avec des idées pareilles, je ne risque pas de mourir de faim. » Le train s'immobilisa et il descendit. Un doute raisonnable le submergea comme une grande vague de brandy.

« Remettez-moi la même chose, Chef », cria-t-il pour couvrir le vacarme généré par une douzaine de Gallois fous. Il s'appuya prudemment au comptoir. Depuis un quart d'heure, il avait un bourdonnement à l'oreille gauche, qui s'avéra provenir d'une charmante vieille femme complètement vêtue. « Suivez-moi, murmura-t-elle en lui faisant signe d'un geste du pied. Suivez-moi, et vous verrez si ça m'intéresse. »

Il la suivit jusqu'à sa ferme (blottie derrière un hérisson qui avait connu bette davis). Le chat était assis sur la natte. Morgan s'assit dans un fauteuil en velours. La vieille femme mit la bouilloire sur le chat, qui cracha de la vapeur. Le thé fut servi en silence. La femme s'installa dans un fauteuil à bascule et s'endormit. Morgan se leva et partit. Un goût irrépressible de bicarbonate de soude le laissait à moitié engourdi.

Il se rendit compte qu'il avait marché « comme dans un rêve » pendant dix minutes, et qu'il s'appuyait à un réverbère au coin d'une rue, quand une petite dame approcha. « Oh là là, j'espère qu'elle va venir jusqu'ici. » Elle ne s'arrêta pas, mais laissa tomber une allusion sur ses gros sabots.

Ses nombreuses expériences lui avaient au moins appris à déterminer s'il dormait. « Je m'en aperçois toujours, quand je dors, se dit-il pour se rassurer. Dans ces moments-là, je ne porte jamais de chaussures. »

Cette idée suffit à le guider à travers Swodonia. Toute la semaine, ses chaussettes avaient été douloureuses, mais il arrivait au terme de son périple, il le sentait dans toute sa moelle. Un concours de circonstances ne tarderait pas à le conduire vers Gladys de Morgan, et plus tard, du moins il l'espérait, à Michelle Saingral.

La voiture louhertz progressait sans heurts, mais ses entrailles avaient manifesté la plus grande indifférence pendant plusieurs jours, peut-être cinq. Il s'arrêta au bord de la route, dans un salon de thé visiblement spécialisé dans les plaintes médicinales. Il fut pris d'une certaine concision, d'un sentiment quasi frivole qui le fit se précipiter aux toilettes extérieures. L'image de Pompéi ne cessait de lui traverser les ouvertures. Une page déchirée du dernier numéro de « Nouvelles du Monde », représentant une pin-up, gisait dans un coin. Il comprit que, très vraisemblablement, c'était là que se trouvait le message du jour. Il lut les bribes d'informations avant de s'essuyer l'ardoise. Les seuls mots déchiffrables s'étalaient, menaçants : « Le proxénète n'était pas de la noce. »

Il médita quelques instants avant de s'adresser à lui-même. Rien ne lui venait… pour l'instant. Plus tard, tout l'impact de ces sacro-saintes paroles atteindrait les profondeurs de sa caboche. Le vent était contre lui. Il ne demandait aucune faveur, et n'en obtint aucune. En fait, il ne vit pas âme qui vive en trois heures (au moins). Une lointaine lueur lui apprit qu'il touchait au but.

Le village de Pendragon s'étendait en contrebas, amical mais étranger. Il flâna un peu dans les faubourgs, cruellement partagé entre l'envie d'avancer et celle de faire pipi. Il trouva un compromis en faisant dans son pantalon. « Ça leur apprendra », se dit-il avec colère. Il entra dans l'hôtel du coin et s'endormit profondément.

Il s'éveilla au matin au son des cervelles de linottes. Il fit sa toilette dans la cuvette émaillée et descendit pour le petit déjeuner.

« Trop tard pour le petit déjeuner, mon chou, chantonna l'accorte servante, et trop tôt pour le déjeuner. » Un air décidé sortait de ses poumons. Il résolut d'explorer le village pour trouver de quoi se sustenter. Rien à faire. Il se sentait tout drôle et affamé en regagnant son hôtel, qu'il trouva en flammes.

L'édifice était plein de Gallois fumants. « Nous allons chanter pour nous donner du courage, les gars », cria celui qui, apparemment, était leur chef, quand Morgan, qui s'amenuisait rapidement sous l'effet de la faim, le pressa de questions. Tout le village chanta pendant que l'hôtel se consumait en cendres. Il n'y eut pas de blessé, car Morgan était le seul client, et le personnel, qui avait l'odorat bien développé, avait pu fuir à temps.

Nil facto in circutem, la vieille devise de son école, lui revint à l'esprit alors qu'il faisait démarrer son albinos. Le monde était une huître, mais il était végétarien. Et alors ? Il se pencha sur le Communisme et s'enfonça dans le mystère.

Nous élèverons un abri dans les collines
Nous élèverons un dragon dans les vallons…

Il les entendait encore distinctement à l'arrière de sa voiture en s'évanouissant lentement dans sa poubelle ambulante. Il avait toujours autour du cou son scarabée sacré.

« Salut, mon amour ! »

Il freina dans un crissement de pneus devant un panneau de stop, manquant décapiter un chef de l'opposition. De frayeur, il détourna la tête, sachant pertinemment que la voix provenait du siège arrière.

« Seigneur Dieu, encore vous ! » s'exclama-t-il avec des vibratos dans la voix. Elle était là, l'étrange vieille femme qui lui avait fait signe la veille, en des temps qui semblaient appartenir à une existence antérieure.

« Ce n'est que moi, ta tante Bloody Gladys ! Une Morgan, une autre foutue Morgan, mon trésor ! » Elle l'agrippa par le cou et fit irruption dans son complet veston. On aurait pu l'assommer d'un coup de plume. « Et dire qu'elle était là, dans toute sa gloire », pensait-il. Un soupir de soulagement s'échappa de ses lèvres comme Errol Flynn dans *Le Prisonnier de Zelda*. Ce ne fut qu'alors qu'il remarqua la ressemblance familiale, mais cela ne l'étonna pas outre mesure.

Il sortit de sa réserve, et arrosa les plantes de la vieille femme. Ils bavardèrent jusqu'à ce que l'aube eût pointé sa vilaine tête au-dessus de leur réunion. Elle était une véritable mine d'informations, toutes aussi inutiles les unes que les autres. Mais quelle importance, quand il s'agit de membres de la famille. « Le téléphone n'arrête pas de sonner » fut la dernière phrase qu'elle proféra avant d'expirer dans sa voiture louée. Il l'abandonna au bord de la route, sachant parfaitement qu'elle n'aurait pas voulu qu'il en fût autrement. Comme tous les Morgan (connus pour leur prédilection pour le velours, et respectés dans peu de continents).

La mort change de chaîne

Sa vie sexuelle devenait un peu miteuse (mais la mort
faisait toujours cet effet-là aux Morgan). Il prit un avion
pour Amsterdam où il investit dans le vêtement de
caoutchouc, mais nous reviendrons plus tard sur ce
sujet. D'Amsterdam, il partit pour Bruxelles, bien que

ç'aurait aussi bien pu être Munich, en ce qui le concernait. « Il faudra bien un jour mettre fin à cette errance. Il faut absolument que je rentre, c'est le seul moyen d'affronter ce que je suis. »

Il perdit du poids à l'aéroport et arriva à Kennedy Airport, dans l'État de New York ; il prit un taxi sans l'avoir vraiment voulu. Il avait l'haleine lourde mais le cœur léger. Le chauffeur le déposa dans le West Side en lui adressant un grognement amical. Il marcha dans une crotte de chien et chercha sa clef dans sa poche. Il sauta sur sa femme et s'endormit. Elle caressa son transplant plein de lassitude ; il dormait profondément et rêvait de chevaux ailés.

Il s'éveilla en sursaut, et s'aperçut de l'endroit où il se trouvait. « Je n'ai pas trouvé Michelle Saingral, mais en tout cas je ne me suis pas perdu. » Cette pensée fermement ancrée dans son esprit, il emmena sa femme dans un restaurant tout petit, mais très Art Déco, de Columbus Avenue.

Quoique réservant les rites pour un autre jour, il n'avait pas oublié leur animosité conjugale. Après un petit souper en tête à tête ils s'en retournèrent chez eux main dans la main, l'estomac lourd de responsabilité. Ils firent l'amour dans l'ascenseur poussif et se retirèrent avec grâcekelly. Ils étaient heureux, contents, et légèrement névrosés, elle et ses mains de papillon, lui et son flair pour les affaires. « Quel couple ! » disaient leurs amis, et même leurs ennemis…

Chapitre 23 ou 27 :
où un étudiant d'Harvard s'évanouit,
saisi d'une illumination…

Mon guide spirituel, le Dr Winston O'Boogie, commençait à ne plus mâcher ses mots. Sur un signal de la réceptionniste, il se lançait dans toutes sortes de diatribes, qui pouvaient aussi bien avoir trait au ridicule qu'à Mamie Eisenhower. Cet été-là, en caressant un hamster semestriel, j'avais compris le sens de la vie, et j'étais tombé par terre la tête la première. Sachant parfaitement comment la plupart des gens réagiraient, le Dr Winston se mit à donner des conférences lors de dîners. Un groupe désincarné d'experts m'avait convié à un élan imaginatif.

N'ayant aucune expérience préalable de ce genre de cérémonies, je savais que j'étais l'homme de l'emploi ; je possédais une petite touffe d'herbe dans le Maine, que m'avait vendue un incendiaire à la retraite, qui s'était immolé « pour le bien du peuple » au printemps précédent. Enveloppé dans un tablier de boucher, il avait chaussé sur son nez des lunettes à la Elton John, et en criant : « Tout le monde peut le faire ! » avait disparu dans un formidable coup publicitaire près de Central Park Ouest. En souvenir de lui, j'arborais un perpétuel sourire. Je négligeais de mentionner son nom jusqu'alors par respect pour sa dépouille ; c'était un homme charitable sans une once de décence, mais qui sommes-nous pour juger ? Peut-être la Roue Karmique de l'existence lui avait-elle mis des bâtons dans les siennes, de roues. Était-il fou, ou simplement ingrat ? Jusque dans l'âge adulte, il restait un perpétuel adolescent. Sa vie était comme une librairie fermée. Mais je m'écarte du sujet. Comme je vous le disais, après avoir reçu cette invitation, je savais où j'en étais.

Je me levai, pour ainsi dire, ne m'interrompant que pour essuyer mes doigts sur le dos de l'hôtesse. Alors que j'ouvrais la bouche, j'eus la stupéfaction d'entendre une voix – qui n'était pas tout à fait la mienne – parler avec autorité de sujets inconnus, bien que je ne me souvienne pas exactement de ce qui fut dit. Heureusement pour tout le monde, le FBI avait enregistré la soirée en plaçant un micro dans la poche d'un serveur.

« Mesdames et messieurs, ou du moins quelques-uns, commença la voix. On nous a signalé que des personnes dotées d'un héritage de source douteuse sont en train d'investir dans la Poubelle Américaine et, au mépris de tous nos efforts pour le respect de la liberté individuelle, ont réussi à mentionner notre Secte dans de petits articles parus dans le *New York Times Literary Supplement*. »

Hoquet de surprise des dîneurs repus.

« Et, qui plus est, on a vu un groupe d'industriels influents faire du vélo le long du périmètre de Washington, lançant des slogans identiques. Le moins qu'on puisse dire est que ces panneaux d'avertissement ne doivent pas être pris après les repas. On prélèvera un échantillon d'urine de toutes les personnes intéressées à la fin du second discours. Après quoi, on demandera à tous ceux qui sont en faveur d'une rétribution immédiate de nous verser un petit donpérignon. Cela surprendra un grand nombre d'entre vous, qui n'ont jamais entendu parler de ce genre de procédé, mais, je le répète à contrecœur, cela surprendra un grand nombre d'entre vous, qui n'ont jamais entendu parler de ce genre de procédé, mais je vous assure de mes meilleures intentions en toute circonstance, quand je suis libre. Le reste du temps, il est très probable que je vous laisserai mariner dans votre jus.

« Cependant, n'ayez aucune crainte, car Supersouris n'a qu'une seule réponse à vous donner : il faut mettre le Pentagone sur fichier. Réfléchissez un peu : n'est-il pas plus simple de faire le tour d'un cercle ?

« Je vous laisse comme je vous ai trouvés, entre les mains expertes d'une clinique de méthadone. Dormez bien, la nuit porte conseil. Si ce n'est pas possible, reposez-vous sur vos oreilles ! »

Les spectateurs s'agglutinèrent vers la sortie. On me félicitait de toutes parts. Pour tout l'or du monde, je n'aurais pu comprendre de quoi ils parlaient. « Bien joué, vieux ! » Des exclamations bourdonnaient autour de moi, rappelant assez un essaim de WASPs*. « Mon Dieu, songeai-je, affirmant mon droit d'ânesse, mon Dieu, mais de quoi parlent-ils ? »

Les situations de ce genre allaient devenir banales dans ma vie. On eût dit que le Dr Winston avait pris possession de moi, qu'il s'était emparé de mon énormité. Vers qui pouvais-je me tournesol ? Mais rapidement, je parvins à un compromis : 20 pour cent du bénéfice brut, et tout le Coca que je pourrais avaler. Et impossible de faire du troc. J'étais en mauvaise position pour discuter. Il m'impressionnait par son pouvoir de persuasion et j'étais trop jeune pour avoir de l'expérience.

Je dois avouer que je rêvais un peu d arriver à tordre les petites cuillères devant des millions de téléspectateurs. Mais de tordu, je n'avais que l'esprit.

Je déballais quelques difficultés pour les repasser, et ne restai que deux nuits à Philly. J'appris ce week-end-là qu'on testait des bombes atomiques – ou s'agissait-il de

* Le mot « wasp » signifie « abeille », mais en capitales, il désigne les tout premiers émigrants qui établirent des colonies aux États-Unis, et leurs descendants. Les WASPs (White, Anglo-Saxon, Protestant) se considèrent comme la fine fleur de l'aristocratie, comme les premiers, les vrais Américains. (NdT)

bombes à hydrogène ? Toujours est-il qu'au Nevada, on avait mesuré les effets secondaires de l'explosion en faisant descendre des amis d'Howard Hughes dans un trou d'une profondeur de trois cents mètres creusé dans le désert. Le tollé d'indignation que cette nouvelle suscita au Congrès fut étouffé par les méthodes habituelles.

*
**

« Les résultats sont négatifs, annonça le porte-padrôle.
— Tout va bien, alors, fit un soupir soulagé.

– Ils se fichent de nous, ou quoi ? » grommela un rouspéteur.

*
**

Le silence s'abattit sur Grand Central Station quand j'arrivai chez moi après un week-end hilarant quoique éprouvant. Deux gros paquets m'attendaient sur le perron.

« C'est un petit groupe de gens bien intentionnés qui les a laissés, m'expliqua le portier de nuit avec courtoisie, en se penchant au-dessus de son bureau. Ils préfèrent demeurer anonymes, mais cependant ils attendent une réponse. » J'acquiesçai et, évidemment, j'écartai immédiatement les paquets de mon esprit. J'ai déjà bien assez à faire avec mes propres poubelles pour que je prenne en charge celles d'autrui. Cependant, ces gens étaient bien intentionnés (l'étaient-ils vraiment ? Par exemple, le son des guitares électriques me rend fou, lentement mais sûrement. Pourquoi les gens ne jouent-ils pas du pipeau, pour changer, au lieu d'amplifier Central Park ? Ce qui ne les empêche pas de se prétendre pleins de bonnes intentions).

Je m'endormis, et les aboiements des chiens de bergers m'éveillèrent.

Les noces de Florence de Bortch

Florence de Bortch, ancienne styliste du *Woman's Wear Monthly* s'est fait enlever les noces dans la plus stricte intimité et dans un paisible petit cimetière ce matin même. Florence de Bortch est l'ancienne veuve du regretté général Pied de Bortch, lui-même une célébrité du douzième de cavalerie.

Ses amis et ses ennemis l'appelaient Pied de Bouche ; il avait acquis sa réputation en Corée, en préconisant de « lâcher les pigeons sur les communistes », mesure qu'il qualifiait de « drastique ». C'est cette proposition, et d'autres tout aussi brillantes (tel son fameux « privations pour tout le monde ») qui lui valut d'être enseveli la tête en bas juste à côté de la tombe du soldat inconnu.

Sa veuve, chirurgien-vétérinaire passionnée de patin à glace, avait demandé que sa dépouille demeurât « accessible au grand public », requête qui fut rejetée pour des raisons d'hygiène. Ce matin, lors d'une interview exclusive, elle a montré ses noces à un groupe de journalistes ayant subi un entraînement particulier. En un geste patriotique, elle s'est déployée avec légèreté dans toute l'assemblée, où aucun photographe n'avait été admis. « Je suis si superstitieuse en ce qui concerne ce genre de choses ! » a-t-elle avoué. Les croquis, toutefois, étaient autorisés.

« On les a comparées à celles de Napoléon, annonça-t-elle fièrement, alors que les reporters faisaient avidement la queue pour apercevoir les armes de son défunt époux. C'est le premier Américain qui ait eu cet honneur… Comme je l'ai servi, je vous sers à présent », dit-elle en apportant le thé et les muffins à quatre pattes, ce qui suscita un murmure admiratif de la part du groupe où dominait l'élément masculin. Quelques heures plus tard, un policier manhattanisé la retrouva « perplexe et visiblement morte ».

L'autopsie conclut à un « décès provoqué par un frisbee sans préméditation ».

Je me plais à penser qu'elle sert de nouveau son bien-aimé général dans le mess des officiers du paradis.

En tout cas je l'espère ; mais comment imaginer qu'il puisse en aller autrement ? Elle laisse derrière elle trois enfants : Sylvia, 43 ans ; Charles, 17 ans ; et Beth Anne, 104 ans. Ils ont été placés, en attendant l'adoption, au Foyer catholique pour protestants de Nice ; ils seront mis en loterie chaque Noël jusqu'à ce qu'ils « arrivent placés en deuxième ou en troisième position ». Ils n'ont aucune famille qui mérite qu'on s'y intéresse.

Florence de Bortch n'avait pas d'âge.

Un bicentenaire épuisant

Des tas de gens avançaient par à-coups vers la combinaison inerte d'une héritière de l'Empire du beurre de cacahuète. Une sorte de ferveur religieuse animait les personnes du troisième âge de Cape Codpiece. Depuis deux cents ans bien sonnés, elles se réunissent deux fois par an, à l'occasion d'une manifestation qu'il faut voir pour y croire. Grinçant des gencives pour exprimer leur détergent, elles invoquent le « Greg Tout-Puissant » afin qu'Il leur « envoie un Kennedy ». Cette coutume locale a un peu tendance à surprendre les étrangers ; de toute façon, on ne peut pas plaire à tout le monde.

Chaque année on voue un culte à un sous-vêtement usagé d'un citoyen influent. Cette année, c'est la combinaison de Sylvia de Bortch qui a été choisie pour la circonstance. « J'ai été sélectionnée en raison de ma bonne éducation, a-t-elle déclaré à un groupe de puisatiers fascinés. Et d'ajouter, élevant la voix d'une octave au moins : Je la porte depuis un an et demi. »

Un porte-parole qui souhaitait demeurer anodin lança à la foule en délire :

« Si avec ça, on n'a pas notre Kennedy, rien n'y fera !

– Mais si Wallace Berry était là aujourd'hui, répliqua une voix, il viendrait en culottes de pirates ! »

La foule rugit d'approbation.

Le processus de sélection était long et éprouvant. Un petit nombre d'élus avait le privilège peut envié de trier tous les vieux sous-vêtements des candidats. « Mon Dieu, qu'ils sont dévoués, disait le maire de Cape Codpiece, qui est célèbre pour sa tolérance, avant d'ajouter avec fierté : ils sont arrivés sur le Mayflower. Et ma propre lignée remonte à plus de cent ans. » Ces humbles citoyens étaient le sel de la terre. Ce qui ne les empêchait pas d'être humains.

Je me trouvais là dans l'idée de finir mon roman sur les « Bêtises et balivernes du début du siècle ». Je travaillais sur ce projet depuis seize ans, et mes recherches m'avaient conduit à cette conclusion :

Les développements récents de l'Europe occidentale m'avaient incité à rentrer aux USA sur un cargo. La traversée avait été longue, et très mouillée. J'avais presque mis la dernière main à mon manuscrit quand une pensée me traversa l'esprit, et je jetai toutes mes possessions par-dessus bord. Ayant atteint tous mes objectifs à un âge précoce, je décidai de m'en fixer de nouveaux, qu'il me restait encore à découvrir. C'est ainsi que ma quête débuta. Et ce jour-là, pataugeant jusqu'aux genoux dans des sous-vêtements usagés, je commençais à avoir des soupçons sous les bras.

Mais ce n'était qu'un début. Je me soulageai contre une statue de Hilary Washington, et ne tardai pas à arriver à l'orgasme. Je pensai à Marie, reine d'Écosse, et recouvrai mes esprits. Je frappai à la porte de la maison la plus proche pour demander mon chemin ; ce fut un auteur de nouvelles de taille moyenne qui m'ouvrit.

« Bienvenue au chapitre seize, par l'ordre de saint Thomas, dit mon hôte sympathique. Vous n'auriez pu arriver à un moment plus inopportun ! » Il souriait entre deux bouchées d'une veuve française par Duchamp. Je lui rendis son sourire, en déclinant sa proposition de partager sa collation.

Je parcourus des yeux son cottage très gentiment meublé. Dans le coin, à droite de la cheminée, un portrait de Candice Bergen en pierre ponce. La carpette devant le foyer était couverte de chien. Un fauteuil utilisé à bon escient exhalait une odeur nauséabonde dans la clarté vespérale. Un bruit qui évoquait du bacon en train de frire, dans la cuisine, s'avéra être la mère souffrante de l'auteur ; la télévision vacillait nerveusement dans la cheminée. « Nous manquons de bois, expliqua mon hôte. Et puis de toute manière, nous ne la regardons jamais à moins qu'il n'y ait une émission incroyablement ennuyeuse. »

Je remarquai la forme de sa bouche, tandis qu'il parlait. D'une certaine façon, elle me rappelait la photographie d'une princesse montant un cheval de course que j'avais vue dans la presse européenne. Je me souvenais de ses fesses altières, qui incarnaient autrefois l'élite de la société anglaise. Tout ce qui nous manque, à présent, est une photo du pape en vêtements de femme ; alors le monde nous appartiendra.

Ces pensées serpentaient dans mon esprit tandis que je m'étendais sur le cadavre à plumes offert par mon nouvel ami, très charmant je l'avoue. « Enfin, un ami dans le besoin ! » songeais-je en me laissant lentement aller au sommeil, grâce au procédé autohypnotique que j'avais découvert en examinant les entrailles d'un maestro égyptien.

Au matin, j'examinai d'un œil neuf le décor qui m'entourait. Il me parut étonnamment similaire à son apparence de la veille ; seule la lumière avait changé. L'homme qui disait s'appeler saint Thomas en était déjà à manger Hélène quand je le surpris devant son petit déjeuner. « Servez-vous, mon p'tit chou, gloussa-t-il entre deux bouchées. Prenez-donc une tranche de vie. » Je ne me le suis pas fait dire deux fois. Il est vrai que je n'avais rien mangé depuis quatre jours. Après le petit déjeuner et un petit tour rapide autour de sa mère, je lui demandai si je pouvais me servir de sa machine à écrire, pour coucher quelques impressions sur le papier, ce qui donna :

obèse poilu et anglophile
périodes de temps morose
Belges dansant en uniformes
biceps saillants couverts de neige
vol d'oies déféquant dans les airs
verrues qui vont et viennent...

Je sentis son pantalon brûlant contre mon épaule. En me tournant, je vis qu'il se déshabillait d'une façon désarmante. Et on dit que la viande manque ! Il se livra au cunnilingus sur mes bottes et me pria de le relever de ses fonctions. Après une petite tape affectueuse sur la tête, je lui donnai matière à réflexion. « Il ne faut pas remâcher ses griefs », murmurai-je en m'immobilisant dans sa bouche.

Je le quittai rapidement et je me mis à courir dans la rue, pris d'un sentiment de Vierge Marie. Ce n'était pas la première fois que je faisais l'amour avec un homme, mais c'était la première fois qu'il avait des seins. Je mis cela sur le compte de l'expérience, et entrai dans l'hôtel borgne du coin.

« Des bagages, monsieur ? s'enquit le réceptionniste d'un ton définitif.

– Non, merci, j'ai les miens. »

Je me précipitai dans ma chambre et m'effondrai en sanglots sur le couvre-sens. Les heures s'égrenèrent lentement tandis que je jouais avec mon reflet dans le miroir, en essayant désespérément de ne pas penser à lui, à elle, à ça, merde !

« Service des repas ! »

J'ai posé ma queue sur la table de chevet et je suis allé ouvrir la porte ; il n'y avait personne... Devenais-je sensé ? Ma famille s'était-elle montrée assez stricte sur ce chapitre ? Étais-je le gardien de mon frère ? Que signifiait tout ce cirque ? N'étais-je par hasard que l'instrument de la bourgeoisie ? Ou rien qu'un couillon ?

Ces questions, et d'autres, allaient bon train dans mon esprit. Ma névrose s'accentuant, je me la suis fait couper dans le dos. Le soulagement fut aussi intense que la note d'hôtel.

Je me glissai dans la salle à manger pour voir si elle dormait encore. Son visage me souriait, sur son plat de petits légumes en julienne.

Des raisons de respirer

Je m'imaginais, voguant au fil d'une rivière bordée de mandariniers et de dysplasie nerveuse. Ce chapitre marquait le terme des économies de toute une vie. J'ai tiré la chaîne et je suis monté dans un amtrack, qui d'ailleurs n'allait nulle part. Ma vie durant j'avais souffert d'insomnie, mais, comme Isaac Newton, j'avais toujours cru que les pommes en étaient la cause. En fait, c'était héréditaire (comme mon coup droit).

Je désirais rester anonyme dans la foule des Phila-
delphiens. J'ai donc pointé mon nom sur la liste et puis
j'ai repris ma place, un deux-pièces dans un quartier
malfamé. J'étais convaincu d'y être déjà venu auparavant.

Vous direz ce que vous voudrez, mais moi je trouve ça
complètement fou. Avais-je déjà parcouru ces routes
poussiéreuses, ou n'étais-je qu'une victime supplémentaire de la navigation fluviale ? Oui, bien que je
marche dans la vallée de la Mort, je ne craindrai pas. La
nourriture de drogué me rendait malade ; la restauration
rapide me ralentissait ; il fallait que je descende à l'arrêt
suivant. J'ai atterri en rythme avec un orchestre militaire.

« Emmenez-vous cette femme quelque part en particulier ? » tonitrua la voix. J'ai un peu paniqué, mais
j'ai continué d'exercer mon discernement.

Accroche cette tête d'ail à ton cou
et jamais tu ne te marieras

Tels furent les derniers mots de mon commandant avant qu'il ne s'étouffe et meure sur l'insistance de Sa Majesté. Jamais je n'oublierai son expression le jour où il avait fait une percée dans les rangs d'une troupe d'Arabes sur le Nil. Sa vocation extraordinaire était le fruit de son manque d'instruction. Quant à moi, j'étais parvenu à conserver mon sang-froid malgré l'étrangeté de la situation.

Tout d'abord, permettez-moi de planter le décor, d'un vert sans consistance enrichi de tendances homosexuelles. L'armée britannique n'est pas l'endroit idéal pour un homme de ressources. J'avais gravi tous les échelons de la hiérarchie à la force des genoux. La cavalerie m'attirait, mais elle était au-dessus de mes moyens. La relève de la garde s'auréolait de toute une symbolique pour une bonne partie de la population (surtout les gens d'âge mûr).

Néanmoins, les multiples délices auxquelles pouvait aspirer un jeune officier frais émoulu de l'école militaire n'empêchèrent en rien le déclin du vieil empire. La Garde Personnelle de la Reine était la crème des crèmes ; le plat de résistance prenant la forme d'une entrée en force apportée par un dragon au cœur bien accroché. Les morts étaient enveloppés dans une bannière et vendus à un groupe d'admirateurs californiens. D'où l'expression : « Me voici, Californie, je reviens à toi, d'où je suis parti... » (rendue célèbre par les membres du Club).

J'avais eu la chance d'apprendre le latin à l'école, ce qui m'était d'une grande utilité (si je n'étais pas sûr de moi, je pouvais toujours lâcher une bonne vieille citation). L'expérience m'enseigna bien vite à mentir au nez et à la barbe de l'adversité. Mon éducation religieuse remontait à la surface. L'avenir que je prévoyais me semblait terrifiant, si bien que je pris l'habitude d'avancer à reculons. La pratique du hatha yoga faisait craquer mon jeans, la joie me mettait hors de moi. Nous étions donc deux. J'étais devenu païen pendant mon adolescence ; jusqu'alors, personne ne s'en était aperçu. On dit que la conversation est un art ; pour moi, c'est un mode de vie.

*
**

Le progrès, c'est marcher dans une crotte de chien et se dire que c'est une expérience comme une autre.

*
**

La beauté est dans les yeux de la salamandre et dans le poil du chien.

*
**

Il était une fois une foule d'êtres étranges qui vivaient dans un petit système nerveux d'Europe centrale. Bien sûr, ils avaient l'impression d'être normaux, et nous n'aurions peut-être jamais su à quel point ils étaient bizarres si le destin de Jacques Croupier avait été autre. C'était un pêcheur d'origine française, qui avait quitté son foyer comme Norman le Conquérant et s'était retrouvé au large d'une montagne russe en Bretagne. Il se sentait pour le moins stupéfait ; comment, alors que pas plus tard que ce matin, il se trouvait tout à fait ailleurs ! Il était on ne peut plus dérouté.

Mais commençons donc par le milieu de nulle part en particulier, car c'était précisément là qu'il se trouvait, ou plutôt qu'il se perdait. Ou devrais-je dire « qu'il s'était perdu » ? Quoi qu'il en soit, il était là.

Il avait vu le jour dans une famille déjà nombreuse.

« Nous avons vraiment été bénis », chantait son père de sa voix de ténor en balançant les enfants au-dessus du précipice. Il se justifiait auprès des voisins ébahis en prétendant qu'il accoutumait ainsi les petits à l'altitude. Mais rien n'avait préparé Jacques aux sommets d'absurdité qui l'attendaient en ce fatal mois de décembre de l'an de grâce 1682. Dans la famille, le culte du tournesol se transmettait comme les engelures.

« Voyez ! Un autre est éclos ! » chantonnait sa mère, quand chaque matin elle se penchait pour accueillir le soleil levant, compter les tournesols épanouis et satisfaire son époux. Elle avait eu deux petites filles, comme ils les appelaient alors, mais Père avait voulu les garder pour lui seul. Il les enfermait dans une solide cabane qu'il avait construite dans un arbre. Toute l'enfance de Jacques s'écoula sans qu'il les vît jamais.

Mais revenons à la difficile situation dans laquelle se trouvait notre héros. Malgré cette mauvaise passe, il sentait une étrange sensation naître au creux de ses reins.

« Sacrebleu, quelle santé ! Je suis si fort que je pourrais soulever un bœuf !!! » Sur ces mots, il accosta en des lieux où jamais il n'avait mis les pieds.

Là, enfin, il rencontra son égale. Une certaine agitation l'avait poussé à se rendre à Alger et à en revenir. À part ça, il restait impassible. Une femme s'approcha de lui, un air de grâce kelly dans ses membres alanguis.

« Je suis rédactrice au service des informations, et vous m'avez l'air d'être une drôle de nouvelle, fit-elle, se présentant sans la moindre nuance d'infériorité.

– Euh… Je… Euh, on dirait que je ne suis plus moi-même, avoua Jacques, les yeux posés sur l'anatomie avantageuse de la jeune femme. Et je ne sais plus du tout d'où je viens. »

Elle le considéra tristement, et jeta un coup d'œil à son avenir. « Vous allez rencontrer des gens, dit-elle sombrement. Des gens vont vous regarder. » Jacques se sentit pris de panique. Dans un accès de rancœur, il vomit. « Je suis parfaitement normal, cria-t-il d'une voix assourdie. Et je refuse qu'on me présente à des gens !!!

– Ne vous en faites pas, Jacques. Il ne vous arrivera rien, à moins que vous ne le vouliez. »

Ça ne rassura pas du tout le pauvre Jacques, car comme nous l'avons vu, il ne savait absolument pas ce qu'il voulait. Elle le prit par la main et le guida dans l'obscurité. La mi-temps était nécessaire, mais personne n'entendit le gong. Un joyeux son de cloche retentit dans l'atmosphère de l'étrange petit village imaginaire.

Une bouffée de fumée. Une paire de couilles. Un médecin en carriole. Le sifflement des serpents. Une Statue de la Libération surexposée. Tous ces éléments disparates contribuèrent à déconcerter Jacques Croupier, déjà si émotif. Ce qui n'allait pas tarder à changer comme nous le verrons et ron petit patapon. Mais laissons là les détails. C'est si désagréable, les détails, vous ne trouvez pas ? Ils me rappellent par trop les élèves officiers.

« Une chose que la vie m'a apprise, expliqua Jacques, tirant sur sa sucette, c'est qu'il faut prendre les choses comme elles viennent, sans considération de race, de croyance, ou de couleur. » Il croqua un morceau de bonbon, gratta son ambassadeur, et ajouta, louchant vainement pour s'observer en pleine action : « Il est rare l'homme qui se mouche lui-même. Mais j'ai découvert, c'est-à-dire personnellement, qu'en se penchant un tout petit peu en arrière on ne risque pas de tomber la tête la première. » Il s'interrompit pour palper son fenouil. « D'un autre côté, reprit-il, affectant la pause d'une fille de joie célibataire, on se retrouve parfois dans des situations très particulières, qu'on ne peut absolument pas contrôler, pour ainsi dire, et en de telles circonstances, j'ai toujours pour politique de chier franchement dans mon pantalon, c'est ce qui m'a permis d'arriver là où je suis aujourd'hui. Ce qui bien entendu est le sujet de ce paragraphe. » Il ferma les yeux et s'étouffa.

« Voici un homme selon mon cœur, dit le médecin en saisissant son scalpel. Il est bien trop beau pour qu'on le mange. » Il proposa aux autres, qui se tenaient un peu en retrait dans la pièce : « Nous devrions voter, du moins, demain matin. La nuit porte conseil. »

Ils acquiescèrent tous avec enthousiasme, apparemment d'accord, et sortirent un par un.

La danse des experts

Le murmure de ses parents morts se répercutait à travers la pièce. Son vieil oncle lui avait appris à danser dès qu'elle avait eu trois ans, en l'attachant au tabouret du piano. « Danse, et tu dénoueras tes liens », gloussait-il hystériquement avant de partir d'un pas sautillant.

Tout lui était hostile, dans cette pièce. La climatisation, qui cachait la vue de la fenêtre, bourdonnait comme un maharishi électrique. On avait juché la plante d'intérieur directement au-dessus d'elle, de sorte que les feuilles basses l'entouraient comme si la Mère Nature lui envoyait un message personnel. Le siège était trop bas par rapport au piano, dont la taille, de toute façon, n'aurait convenu qu'à un joueur de football mélomane. Sylvia connaissait les lieux comme la paume de sa poche. Elle prit ses tarots et se mit à danser…

L'oncle Walleye entra en valsant. Il resta planté comme une souche pendant une fraction de seconde. Sylvia était recroquevillée dans son coin, les cartes étalées autour d'elle comme des voisins amicaux. Elle respirait bruyamment ; la salive coulait de sa bouche entrouverte.

Walleye s'approcha d'elle. Osant à peine respirer, il s'apprêtait à prendre le tabouret du piano quand elle poussa un petit cri plaintif, comme un animal blessé. Immédiatement il se figea, ainsi qu'il avait appris à le faire au collège. Il se permit toutefois d'arquer les sourcils.

« J'ai entendu, dit-elle tout bas.

– Ce que tu peux être sensible, répondit l'oncle Walleye, qui sourit d'un air penaud, et avança sa meilleure jambe pour dissimuler son érection. Tout ce que je venais faire, en réalité, c'était te demander si tu étais prête pour la Cérémonie du Vieux Sous-Vêtement, expliqua-t-il en la guidant vers la porte comme tant de fois il l'avait fait. Toute la ville t'attend. En plus, tu transpires déjà, ça serait dommage que ce soit pour rien, tu comprends. »

Son bras enlaçait, paternel, sa taille extrême. Elle leva vers lui son regard confiant. Et pourquoi pas, après tout ? Oncle Walleye ne la connaissait-il pas depuis qu'elle était née ? Ils se dirigèrent bras-dessus bras-dessous vers la salle d'attente.

Pendant ce temps, je faisais de continuelles allées et venues entre deux histoires totalement différentes.

J'essayai de rebrousser chemin jusqu'à la page 59, sachant que quelque part, vers la page 63, j'avais commencé la lecture d'un vieux manuscrit, MS pour les intimes. Ah ! Oui ! Ça me revient... comme une ancienne édition de *Playboy*... Ies villageois étaient en train de voter... Sylvia était prête, et en nage... Pour ma part, un peu comme notre héros, Maître Jacques, je n'étais nulle part en vue. Je regardai ma montre, qui m'avait frappé. Si Jacques était perdu... alors, moi, où étais-je ?

J'arrivai chez Marjorie à l'heure dite. Il me suffit d'un coup d'œil pour deviner que Perry et elle venaient d'avoir une nouvelle dispute. Elle avait l'air aussi secoué qu'une épileptique en chaleur. Elle me proposa du café, mais je préférais prendre un siège. Elle me fit entrer dans ce qui faisait sa joie et sa fierté. La vue était limitée, et inintéressante.

Perry, très en colère, était parti chez Bloomingdale à vélo. Elle s'installa dans sa chaise d'exercices et se mit à faire pipi. Il semblait que Perry avait découvert sa vie secrète, les rôles de prêtresse qu'elle tenait dans certains films pornographiques, et bien qu'il souffrît d'un mal incurable, ça l'avait rendu fou. Elle se sécha soigneusement avant de tout me raconter en détail. « C'est un monstre, tu sais, dit-elle en remettant son tampon en place. Il s'est conduit d'une manière absolument honteuse. »

Je lui demandai des précisions, et, poussant un gros soupir, elle poursuivit :

« Il s'est mis à courir dans le jardin en agitant son machin, et il criait pour que tout le monde puisse entendre : "Regardez-moi ça ! Et elle fait la dédaigneuse !" C'était exaspérant, vraiment, tu n'as pas idée ! »

Perry avait entrepris une thérapie de grippe qui avait duré sept ans. Cela lui avait appris à donner des coups de pied dans les meubles avant le petit déjeuner mais, selon Marjorie, cela se bornait à peu près à ça. « C'est bien beau de taper dans les chaises ! Moi, il m'ignore complètement, à moins qu'il veuille qu'on le batte. »

Je comprenais fort bien ce qu'elle ressentait. Marjorie avait toujours refusé de l'accompagner à ses séances. « J'ai assez de problèmes comme ça à la maison, et puis de toute façon, je n'ai pas le temps de provoquer des rapports de force avec des gens que je ne connais même pas. » Je savais à quoi elle faisait allusion, ayant moi-même subi une thérapie primitive ; d'ailleurs, au bout de six mois, je m'étais aperçu que le docteur était complètement fou. Il avait pourtant de beaux cheveux.

« La vie est un apprentissage, dis-je à Marjorie. Ce n'est qu'en essayant les vêtements des autres qu'on découvre la taille qui nous convient. »

Il importe d'être confiant*

Diatribe des aborigènes de l'État de la Chemise

Cinquième partie
« Où une assertion négative résulte
en une mammographie positive »

Elle assume son cancer avec le sourire,
bien que l'avenir soit inquiétant,
mais derrière elle, pendant tout ce temps,
il y a un type de la télé privée.

* Référence à une pièce d'Oscar Wilde, *Il importe d'être constant*. (NdT)

130

Une colonne de fumée s'élevait majestueusement du front du journaliste Perry Maisonnette (« Poumon d'Acier » pour les intimes). Il rembourra son fauteuil de coups de pied pour le pousser vers la fenêtre de son appartement borgne de Madhatter. Les années de formation l'avaient plutôt déformé, mais avec le temps il s'était mis à l'aimer.

Un reportage dangereux en Jamaïque lui avait permis de donner le meilleur de lui-même. Son goût pour les pièces méthodistes l'avait incité à fréquenter le vestiaire de l'Église des Sadiques du Septième Jour. On l'avait chargé d'écrire de la merde. C'était bien rémunéré, et cela lui permettait de pourvoir à l'hospitalisation de ses enfants. Il était célèbre pour son double menton et son flair infaillible pour les vendeurs de journaux. Ce matin-là, il avait reçu un câble, qui ne lui annonçait que des évidences :

« Suis venue trop vite. Stop. Essaie encore. Stop. T'attends à Paris. Stop. Arrête-moi si tu le sais déjà. Stop. Ne t'arrête pas. Stop. »

Il savait que le câble venait d'Amie la Nitrate. Son style était un peu énigmatique. Il mit son ciré et partit à la pêche aux crabes.

Le boulevard Saint-Germain était dans tout son éclat de ciel tandis qu'il marchait d'un pas allègre sur les pieds des flâneurs français, vers les bras grands ouverts d'Amie.

« Tutti-frutti ! » soupira-t-il en humant le parfum de ses poils de nez. Elle lui réserva un accueil chaleureux, bien qu'elle eût pris froid.

« T'as pas changé du tout, mon vieux ! dit-elle en lui sautant au cou, et un flot de souvenirs le submergea dans un bain de sueur. C'est que tu as bon goût, mon cher !

– J'ai hâte de tremper les doigts dans tes croûtons !

– Oh, le coquin ! Tu ne changeras jamais, dit-elle en riant, les yeux rivés sur son pantalon.

– C'est pour toi, ma belle. Mais j'ai changé d'adresse. » Il la prit par la menotte et l'entraîna vers la rive pas très droite.

« J'en ai ma claque, des sous-vêtements et de la sueur, pensa-t-il.

– L'amour, c'est de ne jamais avoir à reprendre ses esprits, dit-elle brusquement.

– L'amour, c'est de ne jamais avoir à perdre l'esprit », rectifia-t-il d'un ton plus léger.

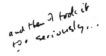

Ne croisez jamais un cheval
avec une femme aux mœurs dissolues

Ils arrivèrent au Georges Cinque.

« Pour commencer, je vais te rafraîchir la mémoire, chanta-t-elle à la tyrolienne, en le pourchassant à travers la chambre. Et ensuite… Dieu seul sait ce qui t'attend ! Tu te souviens de cette chanson des Beach Boys ? »

Oubliant sa réplique, il se déshabilla. « Viens un peu voir ici, ma p'tite grenouille, fit-il, en pensant qu'il aurait bien aimé qu'on lui rende son permis de conduire. Laisse-moi goûter tes pommes frites. » Ils firent ignoblement l'amour devant un feu de cheminot.

« Un homme dans ma position, chuchota-t-il, niché entre ses jambes, ne peut se permettre cette fâcheuse publicité. »

Il reprit l'audition, ne s'arrêtant qu'à cause d'un poil occasionnel. Pendant ce temps, elle fantasmait sur Robert Redford. Il commençait à se sentir étranglé par la position du lotus. Pendant qu'elle perdait la tête, lui il perdait la vie. Heureusement, sa langue était kacher.

Ils sortirent à l'heure du déjeuner.

Ils allèrent dîner dans un petit restaurant italien, suivis par un car de gendarmes.

« Cette ville m'inspire, dit-il, imposant sa présence à un touriste. Pas étonnant qu'ici, les gens n'arrêtent pas de parler. »

Elle approuva, la bouche pleine de vie, puis dit d'un air dur :

« Ne crois pas que j'ai un cœur de pierre, Perry.

– Jamais, mon amour », chantonna-t-il.

Ils passèrent ensemble trois mois de bonheur, et se séparèrent écumant de rage.

Aujourd'hui encore, il a gardé d'elle un souvenir clair et pur. Comme un bébé gavé malgré lui, il n'oubliera jamais, et elle non plus, du moins je l'espère. La Flamme Éternelle de l'Amour s'est consumée, leur faisant comprendre qu'ils s'étaient mutuellement menés en bateau

ohé ! matelot !...

La vie de Reilly
par Ella Scott Fitzgeraldine

Ire PARTIE
« Je n'oublie jamais un éléphant »

Ben s'embrassa d'un cœur léger, prenant à peine le temps d'arracher le pansement qui le maintenait en équilibre, et se dirigea vers la cuisine. Ses gains de la nuit précédente étaient éparpillés sur le sol, démontrant l'existence de ses revenus.

« Je me sens bien, aujourd'hui, dit-il en glissant le chat dans le grille-pain. Je m'invite à petit déjeuner avec moi-même. » Aussitôt dit, aussitôt fait, il s'en mit plein la lampe. Il avait eu la migraine pendant un an, et rien ne pouvait plus le toucher. « Je n'aurais jamais dû me teindre les cheveux », observa-t-il en son for intérieur, tout en rasant un inconnu dans le miroir de la salle de bain.

Les premières lueurs de l'aube baignaient la pièce quand Barbara Walters entra lentement dans sa conscience. « Bonjour ! Nous sommes aujourd'hui ! » La voix profonde sortait d'une boîte à ses pieds.

« Ça, tu peux le dire ! » répondit-il, selon son habitude.

Ne se parlait-il pas depuis près de trente ans ? Mais Joe Di Maggio gargouillait, aussi se précipita-t-il dans la cuisine pour absorber sa première dose de caféine. Il s'était mis au thé à un âge extrêmement précoce et, se conformant scrupuleusement aux avertissements gouvernementaux, était passé graduellement au café – sans oublier le tabac, évidemment, mais n'est-ce pas notre itinéraire à tous ?

« Va falloir que je me désaccoutume de ce truc », songea-t-il pour la énième fois. Mais au fond de lui, il savait que c'était illusoire. Il était accro. Il n'était plus que l'ombre de lui-même. Il admettait qu'à seize ans, il était pire, mais bon dieu ! c'était autre chose ! Il réunit ses gains et quitta la maison.

Les mots « terrier de renard » ne cessaient de l'obséder comme un vieux disc-jockey. Qu'est-ce que ça voulait dire ? « Comme j'aimerais mon travail, si j'en avais un, dit Ben en courant vers le parc. Mais on dirait bien que je vais devoir continuer à faire commerce de mon corps. »

Ça ne l'aurait pas tellement dérangé si cela ne l'avait pas contraint à rester constamment agenouillé. « Elle me porte sur les nerfs, cette foutue position, sans compter que ce boulot n'offre aucun débouché. » C'était pourtant un travail manuel, dans un sens. Mais, comme il l'avait lu quelque part, « les pédés n'ont pas le choix ! ». Cela le fit tellement rire qu'il s'offrit un hot dog. Combien de fois avait-il resserré sa ceinture pour le président ? Il y avait longtemps qu'il ne comptait plus, et que le cœur n'y était plus ; « Je me demande ce que Yahoodi Menuwin dirait de tout ça », métaphorisa-t-il. Il pensait toujours à Yahoo quand il était dans l'embarras.

Il se souvint de la première fois, quand il avait perdu sa virginité avec la prof de gym, à l'école. Elle lui avait demandé de l'accompagner à la veillée du Bound Fish. Elle s'était plongée en même temps dans le yoga et dans Ben. Et, mais oui, en ce moment troublant, la pensée de Yahoo l'avait galvanisé.

« Un jour je serai grand, mais jamais je n'oublierai », s'était-il dit en se relevant. Et comme toujours, il avait eu raison ; il vivait avec lui-même depuis trente ans et de nombreuses poussières, et il se connaissait sur le bout des doigts. Il chercha autour de lui sa réputation éclaboussée, mais il l'avait perdue.

Ses parents auraient voulu qu'il soit médecin à treize ans, mais par chance il évita l'opération. Il avait conservé toute sa lucidité, et ses testicules.

Il se dirigea vers la Plaza, mais manqua son coup, et bulla dans Broadway, s'arrêtant de temps en temps pour esquiver des choses. Trop souvent il avait vu « la lumière au bout du tunnel » pour ne pas reconnaître une conne quand il en voyait une. Elle avait bien soixante-cinq ans, et s'était fait remonter à grands frais l'irréparable outrage d'innombrables après-midi derrière les oreilles, par le meilleur chirurgien en plastique de la Côte Est. Elle lui tendit son œil. On ne peut pas dire qu'il en fut très étonné ; New York lui avait endurci l'estomac. Il saisit la nuance et ramassa son caniche.

« Me revoilà sur la Plaza. C'est que du rock and roll, mais ça me plaît. J'espère que c'est pas encore une de ces partouzes devant les maris. » Il n'aimait pas quand les maris restaient là, à lui crier des encouragements : leurs regards posés sur son dos l'offensaient dans sa dignité.

« T'es bien balancé », dit la dame en persévérant. Elle l'attacha au lit et entreprit de lui dicter une lettre. On ne pouvait pas dire que ça passionnait Ben, mais ça l'aidait à boucler les fins de mois.

« Je sors un petit moment. Sois bien sage et détends-toi.

– Tu veux rire ? Je ne peux pas bouger le petit doigt.

– Ce n'est pas de ça que je parlais, fit-elle en le regardant du coin de l'œil. Contente-toi de faire ce que je t'ai dit, d'accord ?

– Bien mon commandant », répondit-il, espérant lui faire plaisir. Il est rare qu'un Latin ne connaisse pas son affaire.

Une heure passa ; les liens commençant à se resserrer autour de ses chevilles et de ses poignets, il se mit à prier : « Oh, Greg, fais-moi sortir d'ici, je promets de garder tout ça pour moi à partir de maintenant. »

Ses yeux s'emplirent de larmes, ses dents s'entrechoquèrent. L'écho du passé résonnait dans son esprit. L'Armée Insalubre ne l'avait pas initié en vue de l'épreuve qui l'attendait, pas plus que les Boy Scouts. « Prépare-toi », marmonna-t-il. Il s'efforça de pratiquer la pensée positive – mais ça ne marcha pas. Sa vie passa devant ses yeux comme un imperméable sale. « Qu'ai-je donc fait pour me mériter ? » gémit-il.

Il fit un vœu silencieux qu'aucun d'entre nous n'entendit.

Quand il s'éveilla, il était en manque. L'image d'un toast anglais passa devant ses yeux. Lawkes... Le seul membre de sa famille qui lui restait... Il l'avait prévenu, il y avait bien longtemps. Le cousin Lawkes, qui devait se trouver dans sa maturessence, avait été le correspondant de Ben avant même que le petit garçon sût écrire. L'une de ses missives disait ceci :

Cher Ben,
Bienheureux les calumets de la paix, car ils hériteront l'inertie. Et comment va ton fouet ? Bien, j'espère ! Je sais que tu es parfaitement capable de le manier. As-tu

reçu ma dernière lettre ou t'est-elle passée au ras des cheveux ? C'est ton vieux Cousin Lawkes qui t'envoie cette bafouille dans ce langage un tant soit peu argotique aussi vif que Flash Gordon en réponse à ta prière.

J'ai encore réfléchi. Qu'est-ce que c'est que toutes ces conneries ? Je me le demande… Ne suis-je pas une très riche légende vivante dans sa baignoire ? T'as sacrément raison ! Je m'empresse de te répondre. Ne signe rien, mais alors rien, j'te dis. Ne t'engage à rien, sinon envers ma femme et son estomac, outre mon corps et mon âme. Mais Greg seul sait que cette décennie est potentiellement ennuyeuse.

Il n y a pas que les crabes, dans la vie
   du moins, peut-être pas.
      Veille à ta santé,
      c'est intéressant,
         bonjour à Sheila,
         cousin Lawkes.
P. S. petit sentimental, va !

Quelle inspiration ! Ben se sentait rechargé à bloc. Les mots de son cousin inondèrent les canyons de son esprit… Il repensa à ses six crises, et éclata de rire, au nez et à la barbe de l'infirmité. Il se mit à chanter de tout son rigoletto.

C'est étonnant ce dont un fanatique est capable. Il avait envie de faire l'école buissonnière. Il s'humecta l'appétit et se dirigea vers une petite sauterie.

One two three a clock four a clock dope
Five six seven a clock eight a clock dope

La musique s'empara de lui avec une violence dont il ne sortit pas indemne.

                    (c'est-à-dire mentalement)

138

'he was very attached to his dog.'

Chapitre quarante et un
un changement complet de cœur artificiel

Cette histoire romantique et douteuse a pour cadre l'Île érotique de Mazurka. Quelques-uns des principaux personnages du scénario se trouvent derrière la porte de la salle de bain du grand hôtel.

Prenez Priscilly Ward, par exemple. Pour Priscilly, nettoyer un hôtel n'est pas un simple travail. C'est un mode de vie. Une ascèse. Comme toutes les femmes de chambre de l'Hôtel Colonnade, Priscilly ne se contente pas de passer un coup de plumeau ; elle nettoie vraiment à fond. C'est comme quand elle fait sa toilette. Pour elle, on n'est pas vraiment propre si on ne se frotte pas avec une brosse à récurer. Comme dans le vieux pays. Où que ça puisse être.

Si vous trouvez les idées de Priscilly trop teutoniques cardiaques, considérez l'aspect sexuel. Cette façon qu'elle a de vous faire tourner la tête le soir, et de tapoter affectueusement son oreiller. L'habitude si particulière de disposer des cœurs fraîchement coupés dans votre chambre, et de laisser traîner par terre une carte de visite vous souhaitant un bon séjour. La prochaine fois que vous voudrez aller dans un bon hôtel, économisez donc le prix d'un coup de fil transatlantique : allez chez Priscilly, ou tout autre membre de notre personnel de l'Hôtel Colonnade.

Vous vous souvenez du précédent épisode ? Depuis plus de vingt ans, une question obsédait Gaga Lang : sa mère avait-elle sauté sur son lit de mort... ou était-elle découragée ? Une seule personne le savait peut-être : Stymie, sa sémillante grand-mère, qui vivait à Mazurka avec son jeune et nouvel amant, dans la maison où la mère de Gaga avait rendu son dernier souffre.

Quand Gaga eut écrit à sa grand-mère, elle reçut un câble en réponse. Stymie était malade et avait besoin d'elle. Inquiète, Gaga accourut à Mazurka. Mais il était trop tôt... Sa grand-mère était mortelle. Ce fut alors que dans cette funeste demeure des choses étranges, terrifiantes, commencèrent à se produire. Gaga entendit un bébé voler, elle crut voir passer un autocar. Elle se sentit de plus en plus attirée par le secret de sa mère défunte ; il fallait qu'elle lutte, qu'elle lutte contre la direction sanitaire !

La nouvelle fut diffusée simultanément en plusieurs langues. Les nuages s'encadraient sur fond de bois dur. Un couple de musiciens aspirait le gazon manucuré d'un moche parent en chantant à l'unicorne :

Jadis, dans la nuit noire des temps
Nos pères erraient en quête

De la très Sainte Mésalliance
Et fouissaient dans la terre.
Toujours allant, toujours allant
Après le couvre-feu
(ne comptant nulle bénédiction,
mais comptant les suicides).
Le son de Thais dégouline…
Moustaches rubicondes ;
Douze marins d'eau douce dansent
Penchant un peu à gauche
Et font dans leur culotte.
Bruits de bébés volants…
Se parent d'huile de chic,
L'encens leur brûle les yeux,
Ils tendent l'autre joue
Les moustiques leur piquent les cuisses.
Bruits de muscles et de blasphèmes…
Leur quête les a bien loin menés.
Bien loin vers l'inconnu !
La prise des Turcs à Zanzibar
Les a conduits bien loin
Bien loin de leur foyer.
Bruits de souris qui se glissent…
À chacun selon son mérite.
Las !La pelouse est interdite !
Ils furent défaits sous le Khaïber
Mais se recousirent à temps.
Bruit du silence qui s'incline…
Et tout est bien qui finit bien !
Les vieux sages ont parlé.
Ils creusèrent dans Picasso
Mais n'y ont rien trouvé.
Bruit de l'argent qu'on change…
Un sage qui savait son affaire
Y retrouva son hébreu.

Il volait aux sourds pour donner aux aveugles,
En bon Gredin des Bois.
Bruit de musique qui s'enfuit…
Avale et ne perds pas l'esprit.

J'ai cherché dans ma poche une autre dose de malaria. J'ai cherché demain sur la deuxième chaîne. Un hétéro-saxophone résonne dans le noir ; la douce nymphe se peint dans un coin ; je l'embrasse sur les lymphes, et lui demande du thé, en priant pour qu'elle n'ait plus de dettes. Je pleure dans mon sommeil (d'un sommeil qui console et guérit la toux).

Une vision se glisse par la porte, n'apportant que de bonnes nouvelles. J'écoute attentivement… Les bons conseils sont à consommer avec modération. Un archi-tecte grisonnant est resté pétrifié dans une résidence urbaine. Les mauvaises nouvelles passent mieux avec une bonne pincée de sel. Je l'ai prise dans mes bras, et lui ai murmuré de tendres je ne veux rien à l'oreille.

« Mon petit bébé en celluloïd, lui ai-je dis en sur-veillant l'avenir du coin de l'œil. Ne pleure pas si fort ; ces murs sont aussi froids que de la glace. » Une lampe de table tournante m'a pris au dépourvu ; j'ai tourné la page et j'ai sauté dans l'infini…

Grand-mère entre, vêtue de son inévitable tweed. Elle rembarre le vieil homme avec une cravache. Ils s'as-soient tous les trois sur le lit ; elle tricote, l'homme fait quelques remarques sur le temps. Classique.

Quelqu'un traverse un champ, une grosse oie dans les bras, suivi par un sauteur irlandais. Le vin coule à flots ; les enfants regardent. Une fille sans travail donne joyeu-sement à manger aux cochons. Il va y avoir un pique-nique ! La table est dressée dans une embuscade. Deux jeunes gens se bécotent/Une poule picore dans la soupe. Toute la famille s'installe en cercle. Tout le monde est content. Même le chien a sa place à la table. Quelle paix, quelle harmonie !

Tu cesseras de fumer le dix juillet. La volonté d'Allah sera lue à haute voix. Si ça ne marche pas, on recommencera.

À l'horizon, une voiture zoom avant ; sur le toit, on a attaché une vache solitaire, les quatre fers en l'air. « Ils vont sans doute au marché », remarque Hannah. Un homme de lettres délivre le courrier ; il rit à la vue de la famille heureuse assise sous le vieux chêne. Ils prolifèrent comme des lapins.

Le petit garçon a été surpris avec son pantalon sur les talons, mais on lui a vite pardonné. Tout le monde essaie de faire descendre Grand-Père de l'arbre. Ils portent de drôles de vêtements au mariage d'une fausse tortue.

Papa suit Stella au soleil. Il la rend folle à lier dans le grenier. Le soir venu, ils sont moins nombreux à manger à l'intérieur.

Soudain, les lumières déclinent ; mais Grand-Mère va chercher des chandelles et le bonheur revient. Seule Dorothy est différente ; de honte et de chagrin, elle s'est décapitée sur le plancher de la cave.

« Je vous avais bien dit qu'un jour elle perdrait la tête ! Je le savais depuis le début, dit à mi-voix la Grandame. Enfin, ça aurait pu être pire. Elle aurait pu perdre sa virginité. »

Le vieil étang
le coassement des grenouilles
et l'odeur de Haiku

Changement de décor : loin de la foule déchaînée. Les mendiants chantent les louanges d'une certaine Alice. « Alice soit louée ! » Le cri monte, gagnant la foule par-derrière. « Alice soit louée ! La foudre frappe toujours deux fois ! » Et comme pour confirmer ces dires, deux éclairs zèbrent soudain le ciel. Fondu enchaîné sur une petite route de campagne bordée d'arbres... Grand-Mère et Grand-Père agitent la main pour dire bon débarras à la pluie... On entend une chanson s'élever sur fond de générique...

Ne bats donc pas des cils pour moi
Ne t'épile pas les jambes pour moi
Ne parle pas à l'ennemi...
Les gens diront que nous sommes fous !
Ne tâte pas tant le terrain
Ne montre pas tant de tes reins
Ne parle pas aux faux-fuyants...
Les gens diront que nous sommes mous !

Ne sous-estimez jamais, jamais
les pouvoirs d'un procureur

Antony Nouvelépoux décrocha le récepteur.
« Allô ? Qui parle français ? Parlez plus vite ; je ne vous attends pas ! Plus vite, je vous dis ; comment ?

144

Vous livrez des bicyclettes ? Non ? Ah, des bébés !
Non, je n'en ai pas besoin pour le moment... Pourriez-
vous rappeler en octobre ? Oui ? Parfait ! Si je connais
des gens... ? Bien sûr... Certains de mes meilleurs amis
sont des gens ! Au fait, comment vous appelez-vous
déjà ? Je n'ai pas saisi votre nom... Si je quoi ? Je vois...
Vous acceptez les pots-de-vin ? À la bonne heure, vous
vous décidez à parler ! Ce n'est qu'une expression... Je
sais que vous parlez depuis tout à l'heure... Eh bien,
allez vous faire foutre, vous aussi...

« Pour qui vous prenez-vous ? Oui, moi je sais parfaitement qui je suis... Antony Nouvelépoux... oui, j'ai
entendu parler de Boris Day... celui qui a les chiens...
Je ne vois pas ce que ça a à voir... Oh ! Vous êtes Boris
Day ?... Pourquoi ne le disiez-vous pas plus tôt ?... Les
formalités n'ont aucune importance... Je vais faire ce
que je peux... Non, je n'ai vraiment pas besoin de bébé.
Bon d'accord, mais juste un petit alors, merci, au
revoir. »

« Tu ne devineras jamais qui je viens d'avoir au bout
du fil, dit Antony à sa femme toute soyeuse.

— Je parie que c'était Boris Day, répondit-elle d'un
petit air entendu.

— Là, tu m'épatonnes, je ne vois pas comment tu as
trouvé ! »

Dos à dos, ils sortirent du scénario. L'image disparut
faute de fautifs. Un film porno à petit budget mit en
scène deux nonnes démentes et un fourmilier,
condamnés dès le début par un procureur de la Répu-
nique qui s'adressa directement au problème : « Si je ne
l'ai pas, personne ne l'aura, vu ? » Il se montra bref et
sans réplique.

« Parle franchement, Sol, ou tu risques gros.

— Je vais essayer, Kathy, ou mon nom ne se trouve pas
dans les Pages Jaunes de l'annuaire.

– Je veux une réponse franche, Sol. Je ne suis pas une des petites saletés que tu rencontres de cinq à sept.

– Tu crois que je ne le sais pas ? Que je ne le sais pas mieux que quiconque ? Je n'essaie pas de te jeter de la poudre aux yeux ; je me préoccupe sincèrement de ce que tu penses. » Il mit les mains derrière sa tête, fronçant les sourcils dans l'espoir de voir à travers elle. « Je t'ai promis de divorcer dès qu'elle fichera le camp.

– T'essaies de me faire avaler cette histoire depuis que tu m'as mise dans ton lit, Sol. Et je ne marche plus… Tu comprends ?… Tu sais parfaitement d'où je viens. »

Il savait parfaitement d'où elle venait. Et pour cause. C'était lui qui payait le loyer.

« J'essaie de me montrer déraisonnable, Ava, mais tu ne me rends pas les choses très faciles.

– Je t'ai donné le meilleur de mon corps pendant six ans, et tu as le culot de venir comme un foutu représentant en sprays vaginaux… Attends un peu que je te règle ton compte, tu maudiras le jour où t'es venu au monde, espèce de chiotte graisseuse. »

Il pâlit, et prit son portefeuille.

Quelques heures plus tard, sur la Cinquième Avenue pour être exact, on trouva le corps d'un astronaute usé couché à plat ventre sur une pile de distinctions. Ces deux incidents sans rapport immédiat joueront plus tard un rôle essentiel dans notre film. Un Bernard l'ermite sort de sa retraite pour nous narrer sa version de l'histoire :

Vous voyez, ça s'est passé comme ça. Deux personnes qui avaient désespérément besoin de soins médicaux ont commencé à vendre aux enchères les affaires de l'autre. Au début, ils étaient aussi satisfaits que Lawrence Olivier ; si je puis me permettre, on aurait dit deux cochons en foire. Mais par la suite il est devenu superstitieux, jaloux, vous comprenez ; enfin, elle, ça la rendait folle.

Comme je le disais, il a commencé à la faire suivre par Alfred Hitchcock… Elle avait l'impression de vivre un cauchemar. Ça vous aurait plu, à vous ? Elle ne se sentait même pas en sécurité dans ses propres bras.

Jamais je n'oublierai le jour où elle l'a surpris endormi dans une corbeille à papier devant la fenêtre du bureau où elle travaillait. Au trentième étage… Il devait vraiment être complètement dingue, maintenant que j'y pense, et pourtant j'essaie de ne pas y penser.

Quoi qu'il en soit, comme je le disais, son visage devenait de plus en plus inquiétant ; étrangement, il s'était mis à ressembler à Robert Redford… Je le revois encore, accroché à la peau de sa secrétaire pour ne pas tomber de ce gratte-ciel de Manhattan… et faisant de grands signes à la foule qui s'était attroupée, tout en bas, pour observer le sauvetage. Comment tout ça s'est terminé, je ne le saurai jamais… Je n'ai pas osé regarder.

L'enquête dura quatre ans, chaque partie accusant l'autre de jeans de plus en plus nombreux. En fait, tout le monde en portait.

Gros plan sur une avenue bordée de fourrure, quelque part dans l'East Side. Leonardo Bernstein dirige les Donkeys de New York en tournée. Un coureur de dîners télévisés le poursuit jusqu'à l'East River. Toute la presse est convoquée pour entendre ses déclarations.

« Plutôt humide, non ? dit Leonardo, en disparaissant sur une vague d'un coup de sa baguette.

– Remarquable », s'extasie la presse en chœur, en continuant d'écrire.

Tout le monde s'est bien amusé.

Sauf Spencer Tracy, qui n'est pas venu.

POSTFACE

La première fois que j'ai lu quelque chose de John, c'était à Londres, dans une librairie. J'y étais allée pour savoir s'ils avaient encore en stock mon livre, *Grapefruit*, et je fus soulagée d'apprendre qu'il leur en restait. C'est alors que j'ai remarqué le livre de John. Nous étions sur la même étagère, très près l'un de l'autre ; John était à L, et moi à O. En feuilletant les pages, je suis tombée sur « I sat Belonely ». Et puis j'ai remarqué un dessin où une horrible femme toute nue était couverte de mouches. Ça ressemblait terriblement à mon idée de film !

Nous nous étions croisés à la Galerie Indica ; ce qui m'avait le plus marquée, chez John, lors de cette rencontre, c'est qu'il savait très bien remuer le nez. Mais ce livre me révélait l'âme de John, son esprit vif, plein de gaieté, et incorrigiblement romantique, bien que non dépourvu d'un certain goût pour le grotesque. Pas un instant je n'ai pensé que c'était l'homme avec qui je partagerais les rires et les larmes pendant tant d'années à venir.

John écrivait très vite. Les mots coulaient de sa plume comme d'une source vive ; il n'avait jamais besoin de s'arrêter pour réfléchir. Durant les dix ans qui suivirent, je fus extrêmement gâtée. Il m'écrivait des petits mots et de longues lettres, que je trouvais dans le livre que je lisais, sur la table de la cuisine, ou à côté de ma brosse à dents. Des mots pour me faire rire, des mots pour me rendre heureuse, ou malheureuse, suivant son humeur du moment. Et je n'étais pas la seule à y avoir droit. Il donnait libre cours à sa fantaisie, et notait ses jeux d'esprit à l'intention d'hommes de loi, de comptables et de critiques, qui tous le mettaient généralement mal à l'aise.

John écrivit *Éclats de Ciel* à une époque où le monde se demandait ce qu'il était devenu. Pourquoi n'écrivait-il plus de chansons ? Tout simplement parce qu'il écrivait tout court. Il écrivait une page, me demandait de la lui lire à voix haute, et nous riions comme deux petits fous. C'était une période merveilleusement drôle. John était très satisfait d'*Éclats de Ciel*, et fier de le partager avec moi. Il pensait qu'on pouvait en faire un film, mais il est vrai que tout ce que John a écrit avait une très nette qualité visuelle, quasi cinématographique. Seulement, les brusques changements de lieu et d'espace n'en rendaient pas la réalisation cinématographique très facile. Mais c'est aussi ce qui fait toute la particularité de l'œuvre de John : en une seule page, il éveille en nous l'éblouissement de mille soleils levants.

Je suis heureuse de pouvoir aujourd'hui partager cette œuvre avec vous. Et je suis sûre que John le serait, lui aussi.

Yoko Ono
Février 1986

TABLE DES MATIÈRES

CET OUVRAGE A ÉTÉ REPRODUIT
ET ACHEVÉ D'IMPRIMER SUR ROTO-PAGE
PAR L'IMPRIMERIE FLOCH À MAYENNE
EN OCTOBRE 2000

Éditions du Rocher
28, rue Comte-Félix-Gastaldi
Monaco

Dépôt légal : octobre 2000.
Nº d'édition : CNE section commerce et industrie
Monaco : 19023.
Nº d'impression : 49922.
Imprimé en France